Inhaltsverzeichnis

Hinweise zum Einsatz der Arbeitsblätter

Die Arbeitsblätter enthalten Lesetexte für Schüler der Grundschule, die in der Lage sind, selbstständig an einem Text zu arbeiten. Somit können sie bereits für Kinder der 1. Jahrgangsstufe eingesetzt werden, die den Leselernprozess erfolgreich durchlaufen haben. In der gesamten Grundschule ist es geeignet

> für die selbstständige Auseinandersetzung
> mit Texten während der Freiarbeit
> oder
> im Rahmen eines differenzierenden Leseunterrichtes.

Die Arbeitsaufgaben, die als Kopiervorlagen gestaltet sind, zielen auf wortgenaues Lesen, auf inhaltliche Aussagen, das Verständnis von Zusammenhängen, die literarische Gattung oder regen an zum Weiterdenken und kreativen Gestalten.

Auch als Hilfe zur Feststellung der Leseleistung eines Schülers können die Texte in Verbindung mit den Arbeitsaufgaben herangezogen werden. Dabei wird die Anzahl der richtigen Lösungen im Zusammenhang mit dem Lese- und Bearbeitungstempo des Schülers als Bewertungsmaßstab angelegt.

Die individuelle Arbeit mit den Arbeitsblättern kann natürlich einen erlebnisbetonten, von der Kunst des Lehrervortrages bestimmten Leseunterricht nicht ersetzen. Sie können aber ein wertvolles Arbeitsmittel sein für Phasen des selbstständigen, individuellen Lernens.

Wenn das M nicht wär' erfunden

Wenn das M nicht wär' erfunden,
wäre manches schief und krumm.
Denn dann hießen Max und Moritz
Ax und Oritz. Das wär' dumm.

Wenn das M nicht wär' erfunden,
wäre mancher übel dran.
Maximilian, der hieße
plötzlich Aximilian.

Wenn das M nicht wär' erfunden,
wär' das Abc nicht voll.
Jede Mama hieße a-a.
Und das wäre gar zu toll.

Doch zum Glück ist es erfunden.
Das ist nützlich! Das ist fein!
Denn nun können kleine Kinder
Mutti oder Mami schrein.

James Krüss

Arbeitsaufgaben

1. Wenn das M nicht wär' erfunden, hätten viele Kinder in deiner Klasse einen ganz anderen Namen.

   Schreibe auf, wie sie heißen würden!

   Würde sich an deinem Namen auch etwas ändern?

2. Stell dir vor, es gäbe kein N in unserem Abc.
   Wie würden diese Tiere heißen?

   SCHNECKE NASHORN

   RINGELNATTER NIMMERSATT

3. Ganz schwierig wäre es diesen Satz zu lesen, wenn das J unbekannt wäre! Streiche die J heraus und versuche zu lesen:

   Fischers Fritze fischte frische Fische,
   frische Fische fischte Fischers Fritze.

   Wenn es zu schwierig war, versuche es mit dem folgenden Satz ohne K:

   Es klapperten die Klapperschlangen,
   bis ihre Klappern schlapper klangen.

4. Hier kannst du selbst entscheiden, welchen Buchstaben du herausstreichen willst.

   Schneiders kleine Schere schneidet scharf,
   schärfer schneidet Schneiders große Schere.

   Gelingt es dir den Satz dreimal ohne Fehler zu lesen?
   In wie viel Sekunden schaffst du es?

Das Kakadugnu

Einst liebte Herr Gnu
Frau Kakadu.
Dem Kind, das sie bekamen,
gaben sie den Namen:
Kakadugnu.
War es ein Kakadugnu?
War's nicht ein Gnukakadu?
Oder ein Kakagnudu?
Ein Kadukagnu?
Dukakagnu?
Knugagadu?
Gukakadnu?

Käthe Recheis

Damit du das Gedicht besser verstehst:

Ein **Gnu** ist eine Antilope, die in Südafrika zu Hause ist.
Es hat Ähnlichkeit mit einer Kuh.

Der **Kakadu** gehört zur Familie der Papageien. Auf dem Kopf hat er einen Federschopf, den er aufrichten kann.

Vielleicht hast du die beiden Tiere schon einmal in einem Tierlexikon oder im Zoo gesehen?

Arbeitsaufgaben

1. Welcher Name passt wohl am besten für das Kind von Gnu und Kakadu?
   Unterstreiche mit einem Farbstift!
   Kakadugnu, Gnukakadu, Kakagnudu, Kadukagnu, Dukakagnu, Knugagadu, Gukakadnu

2. Schaffst du es das Gedicht schnell und fehlerfrei vorzulesen?
   Wie viele Sekunden brauchst du?
   Wer liest es am schnellsten in eurer Klasse vor?

3. Du kannst ähnliche Namen für Tierkinder finden.
   Herr Krokodil heiratete Frau Pferd.
   Das Kind nannten sie:

   ____

4. Wie hätte es noch heißen können?
   Erfinde selbst viele lustige Namen.
   Es dürfen aber keine anderen Buchstaben verwendet werden, als in den Wörtern Krokodil und Pferd enthalten sind.

   ______________ ______________ ______________

   ______________ ______________ ______________

Das unausgeschlafene L

Leider war das l unausgeschlafen und zerstreut. Es setzte sich immer auf den falschen Platz in der Schulklasse. Der Lehrer sagte: „Du lachst die Schumaufgabeln zur Slafe doppert." Da kachten die Schüner, knarrten die Tür zu und riefen ganz schlenn nach Lause.

Anton Krilla

Arbeitsaufgaben

1. Wenn das L ausgeschlafen in die Schule gekommen wäre, hätte der Lehrer sicher etwas anderes gesagt.
   Schreibe auf, wie es richtig heißen müsste!

   ___

   ___

2. Wie ist der letzte Satz richtig?
   - ◯ Da krachten die Schnüre, knarrten die Türen und riefen ganz schnell im Haus.
   - ◯ Da lachten die Schüler, knarrten die Türen zu und riefen ganz schnell nach Hause.
   - ◯ Da lachten die Schüler, knallten die Tür zu und liefen ganz schnell nach Hause.

3. Hast du Lust eine ähnliche Geschichte zu schreiben?
   So könnte sie beginnen:
   Das L hatte ein Glas Bier zu viel getrunken und war ein wenig beschwipst. Als Herr Meierlein zum Wirt sagen wollte: „Bitte bestellen Sie mir ein Taxi zum Königsplatz", da klang es plötzlich so:

   ___

   ___

   ___

   ___

Der freche Drachen

Ernst und Eduard gingen auf die Stoppelfelder und ließen ihre Drachen steigen.
Ernst hatte seinem Drachen ein freundliches Gesicht gemalt.
Eduard hatte einen frechen Drachen gemalt.
Der lachte mit seinem breiten Mund und streckte sogar die Zunge heraus!
Der Oktoberwind trug die Drachen steil empor.

Hei, juchhe!
Ho ruck! – O weh!
Der freche Drachen hatte Eduard die Schnur aus der Hand gerissen. „Halt!", schrie Eduard. „Dableiben!"
Der Drachen aber, was machte er?
Hoch aus den Wolken lachte er.
Er flog davon, er flog hinweg
bis zu dem Städtchen Ätschepeck.

Josef Guggenmos

Arbeitsaufgaben

1. Unterstreiche alle schwierigen Wörter.
   Lies diese Wörter so oft, bis du sie schnell lesen kannst.
   Lies die ganze Geschichte noch einmal.

2. Weshalb gingen Ernst und Eduard auf die Stoppelfelder?

   ◯ Sie liefen einem Drachen nach.
   ◯ Sie liefen mit ihren Drachen um die Wette.
   ◯ Sie ließen ihre Drachen steigen.

3. So sah Eduards Drachen aus:

   ◯ Er lachte und streckte die Zunge heraus.
   ◯ Er hatte ein freundliches Gesicht.
   ◯ Er hatte ein lustiges Gesicht mit einer krummen Nase.

4. Lies nach, was beim Drachensteigen passierte!

   ◯ Der freundliche Drachen riss Ernst die Schnur aus der Hand.
   ◯ Der freche Drachen riss Eduard die Schnur aus der Hand.
   ◯ Der freche Eduard riss Ernst den Drachen aus der Hand.

5. Eduard schrie dem Drachen nach: „Halt, dableiben!"

   ◯ Aber der Drachen lachte nur und flog hinweg samt seiner Schnur.
   ◯ Aber der Drachen flog, o Schreck, bis zu den Wolken und war weg.
   ◯ Aber der Drachen flog hinweg bis zu dem Städtchen Ätschepeck.

6. Male Eduards frechen Drachen.

Nadel und Luftballon

Die Nadel sagte zum Luftballon:

„Du bist rund,
ich bin spitz.
Jetzt machen wir beide
einen Witz.

Ich weiß ein lustiges
Schnettereteng:
Ich mache pik
und du machst peng!"

Der Luftballon aber wollte nicht,
dass ihn die Nadel pikte.
Er flog empor und setzte sich
hoch oben an die Zimmerdecke.
Dort war er sicher.
Dort blieb er.

Als Susanne nach Hause kam,
sah sie die Nadel auf dem Tische liegen.
Sie schlug die Hände über dem Kopf zusammen.
Und rief: „Hast du hier was zu suchen? Nein!"
Und nahm die Nadel.
Und schloss sie
ins Nähkästchen ein.

Josef Guggenmos

Arbeitsaufgaben

1. Wovon erzählt die Geschichte?

   ◯ Von einem Nagel, einem Ball und Susanne.
   ◯ Von einem Luftballon, einer Nähnadel und Sandra.
   ◯ Von einer Nadel, einem Luftballon und Susanne.

2. Die Nadel weiß ein lustiges Spiel:

   ◯ Ich mache pik und du machst peng.
   ◯ Sie will mit dem Luftballon zu den Wolken fliegen.
   ◯ Sie will mit dem Luftballon tanzen.

3. Was meinte der Luftballon zum Vorschlag der Nadel?

   ◯ Der Luftballon lachte darüber.
   ◯ Der Luftballon wollte nicht von der Nadel gestochen werden.
   ◯ Der Luftballon wollte das lustige Spiel mitmachen.

4. Lies nach, wie sich der Luftballon verhielt!

   ◯ Er flog empor und setzte sich an die Zimmerdecke.
   ◯ Er flog in eine Ecke des Zimmers und versteckte sich.
   ◯ Er flog zum Fenster hinaus, der Sonne entgegen.

5. Als Susanne nach Hause kam und die Nadel auf dem Tisch liegen sah,

   ◯ schlug sie die Hände über dem Kopf zusammen,
   ◯ pikte sie damit den Luftballon,
   ◯ fragte sie: „Wer hat die Nadel hier liegen lassen?"

6. Das Mädchen nahm die Nadel

   ◯ und schloss sie in das Nähkästchen ein.
   ◯ und schloss das Nähkästchen ein.
   ◯ und ließ den Luftballon zerplatzen.

7. Du weißt, weshalb Susanne die Nadel eingeschlossen hat!

   ◯ Damit sie niemand in den Finger stechen kann.
   ◯ Damit sie keine Angst vor dem Luftballon haben muss.
   ◯ Damit sie den Luftballon nicht zerplatzen lassen kann.

8. Unterstreiche, was die Nadel sagt, rot,
   was Susanne sagt, schwarz.
   Lies diese Sätze so, dass man merkt, was die Nadel und das Mädchen denken.
   Wie viele Vorleser brauchen wir für diese Geschichte?

Der Spiegel

Der Spiegel ist ein Tropf,
verdreht mir meinen Kopf:
Schau ich aus ihm hervor,
ist links mein rechtes Ohr.
Zum Glück bleibt oben oben,
und das kann man nur loben –
sonst müsst' ich mit den Füßen
statt mit dem Kopfe grüßen.

Hans Baumann

Arbeitsaufgaben

1. Wovon erzählt das Gedicht?

   ◯ Von einem Spiel
   ◯ Von einer Spinne
   ◯ Von einem Spiegel
   ◯ Von einer Spieluhr

2. Der Spiegel ist ein Tropf,

   ◯ verdreht mir meinen Knopf.
   ◯ verdreht mir meinen Kopf.
   ◯ er stellt mich auf den Kopf.

3. Kann er auch oben und unten verdrehen?

   ◯ Nein, oben bleibt oben.
   ◯ Ja, oben wird unten und unten wird oben.

4. Was wäre, wenn er oben und unten verdrehen würde?

   ◯ Dann müsstest du deine Ohren vertauschen.
   ◯ Dann müsstest du mit dem Kopfe grüßen.
   ◯ Dann müsstest du mit den Füßen grüßen.

5. Was denkst du über die Geschichte?
   Überlege dir einen anderen lustigen Schluss.

____

____

____

____

____

____

Am 31. Februar

Am einunddreißigsten Februar
wird schwarze Tinte wie Wasser klar,
die Schnecken gewinnen gegen die Hasen
beim Wettlauf auf dem Stadionrasen,
aus Mauselöchern kommen Elefanten,
zur Schule gehen statt der Kinder die Tanten
und Stühle gehen auf allen Vieren
neben dem Zebrastreifen spazieren,
ein Bus sagt auf dem Gemüsemarkt
zu zwei Polizisten: „Hier wird nicht geparkt!"
Verkehrsschilder suchen sich ein Versteck,
im Supermarkt laufen die Kassen weg,
das Rathaus bekommt einen Nasenstüber,
es geht eben alles drunter und drüber –
denn faustdicke Lügen werden wahr
am einunddreißigsten Februar.

Erich Kästner

Arbeitsaufgaben

1. Am 31. Februar passieren seltsame Dinge!
   Ergänze die Sätze!

   Schwarze Tinte wird klar wie ____________________ .

   Beim Wettlauf gewinnen die Schnecken gegen die ____________________ .

   Aus Mauslöchern kommen ____________________ .

   Zur Schule gehen statt der Kinder die ____________________ .

2. Zähle nach, wie viele faustdicke Lügen in dem Gedicht stecken!

   Es sind _____ .

3. Findest du den 31. Februar auf dem Kalender?

4. Lies das Gedicht so oft durch, bis du es gut vorlesen kannst!
   Unterstreiche die Wörter, die du besonders betonen musst!
   Hast du Lust das Gedicht auswendig zu lernen?

5. Erfinde selbst Geschichten, die sich am 31. Februar ereignen könnten!

____

____

____

____

____

____

____

____

____

____

____

____

____

Kasperl als Zahnarzt

Kasperl trifft seinen Freund Hampelmann.
„Na, wie geht es dir, alter Strampelkamm?"
„Ach schlecht, ach schlecht", jammert Hampelmann.
„Ich habe schreckliche Zahnschmerzen!"
„Oh, du armer Trampelmann! Lass mal deine Zehen sehen!"
„Wieso die Zehen? Die Zähne tun mir doch weh!"
Kasperl schaut dem Hampelmann in den Mund.
„Aha, du hast deine Zähne zu fest gebürstet und zu wenig Bonbons gelutscht. Stell dir vor, man würde dich so bürsten und dir keine Bonbons geben! Das würde dir auch nicht gefallen."
„Nein, nein!", ruft der Hampelmann. „Nie habe ich die Zähne geschrubbt und Bonbons lutsche ich den ganzen Tag!"
„Dann musst du eben auch nachts Bonbons essen!"

Da kommt Gretel. „Armer Hampelmann, was fehlt dir denn? Warum heulst und jammerst du denn so?"
„Meine Zähne", weint Hampelmann. „Sie tun schrecklich weh!"
„Du musst gleich zum Zahnarzt gehen!", schlägt Gretel vor.
„Ich habe solche Angst vor dem Zahnarzt."

Kasperl tröstet ihn:
„Da weiß ich etwas Besseres. Nimm einen Mund voll Wasser und setze dich auf eine heiße Herdplatte. Wenn das Wasser in deinem Mund kocht, spürst du keinen Zahnschmerz mehr!"

Unbekannter Verfasser

Arbeitsaufgaben

1. Lies nach, wie der Kasperl zu seinem Freund sagt!

   ○ Hampelmann, Kampelstramm
   ○ Trampelstamm, Hampelstramm
   ○ Strampelkamm, Trampelmann

2. Der arme Hampelmann ist krank.

   ○ Er hat schreckliche Zahnschmerzen.
   ○ Seine Zehen schmerzen.
   ○ Er hat furchtbare Kopfschmerzen.

3. Kasperl kann sich denken, woher die Zahnschmerzen kommen.
   Er meint:

   ○ Hampelmann hat seine Zähne nie geputzt und viele Süßigkeiten gegessen.
   ○ Hampelmann hat harte Nüsse aufgebissen.
   ○ Hampelmann hat seine Zähne zu fest gebürstet und zu wenig Bonbons gelutscht.

4. Was meinst du zu Kasperls Rat, dass Hampelmann auch noch in der Nacht Bonbons lutschen soll?

   ○ Den Rat finde ich prima. Das werde ich in Zukunft auch machen.
   ○ Davon werden die Zähne nicht schlechter. Aber am Abend sollte er sie putzen.
   ○ Davon werden die Zähne nur noch schlechter. Hampelmann soll lieber weniger schlecken und öfters die Zähne gründlich putzen.

5. Gretel weiß für Hampelmann einen guten Rat:

   ○ „Du musst gleich zum Zahnarzt gehen!"
   ○ „Du musst eine Schmerztablette nehmen!"
   ○ „Du musst die kranken Zähne ausreißen!"

6. Wie ging die Geschichte wohl weiter?
   Hat Hampelmann getan, was Kasperl vorschlug?
   Male ein Bild!

7. Diese Geschichte kann man mit verteilten Rollen lesen.
   Man braucht dazu einen Erzähler, den Kasperl, Hampelmann und Gretel.

   Unterstreiche rot, was Kasperl sagt,
   blau, was Hampelmann sagt, und grün, was Gretel sagt.

Der Fehlervogel

Es war einmal ein kleines Mädchen, das hatte einen Fehlervogel. Der Fehlervogel war dunkelblau, wie dunkelblaue Tinte und er glänzte und schillerte ganz herrlich.

Wenn nun das kleine Mädchen seine Schulaufgaben machte, so schrieb und rechnete es frisch drauflos. Aber es machte grässlich viele Fehler. Das tat jedoch nichts, denn wenn es den Schlusspunkt gesetzt hatte, so rief es einfach: „Fehlervogel friss!" Und der Fehlervogel kam geflogen und fraß alle Fehler und alle Tintenkleckse weg.

Eines Tages sagte eine kleine Schulkameradin: „Ach, ich möchte auch so klug sein wie du; nie hast du einen Fehler und ich hab' immer so viele."

„Ja", sagte das kleine Mädchen, „ich habe ja auch einen Fehlervogel. Wenn ich zu meinem Fehlervogel sage: ‚Fehlervogel friss!', so frisst er mir alle Fehler weg."

„Oh", sagte die Schulkameradin, „da komme ich heute Nachmittag zu dir und bringe alle meine Hefte mit." – „Ja, tu das", sagte das kleine Mädchen.

Aber am Nachmittag kamen mit der Schulfreundin viele andere Mädchen und Buben, stolperten ins Zimmer herein und brachten alle ihre Hefte mit. Und das kleine Mädchen breitete die vielen Hefte vor dem Fehlervogel aus und sagte: „Fehlervogel, friss!"

Und der Fehlervogel fraß und fraß und fraß und auf einmal tat es einen dumpfen Knall und da war der Fehlervogel geplatzt.

Da er aber innen voller Tinte und Fehler war, so flogen all die Tintenflecken und die Fehler wieder in die Hefte hinein und da standen nun die Kinder und hatten so viele Fehler und Kleckse in den Heften wie zuvor und noch viel mehr dazu.

Der Fehlervogel aber lag auf dem Rücken und war mausetot.

Antoinette Wehrmann

Arbeitsaufgaben

1. Das Mädchen in unserer Geschichte besaß ein merkwürdiges Tier.
   - ○ Es hatte einen dunkelblauen Federvogel, der herrlich schillerte und glänzte.
   - ○ Es hatte einen roten Fehlerteufel, der in allen Farben schillerte und glänzte.
   - ○ Es hatte einen Fehlervogel. Er war dunkelblau, wie dunkelblaue Tinte.

2. Machte das Mädchen seine Schulaufgaben sorgfältig und sauber?
   - ○ Ja, es arbeitete überlegt und sehr gewissenhaft.
   - ○ Nein. Der Fehlervogel schrieb für das Mädchen die Schulaufgaben.
   - ○ Nein. Es schrieb und rechnete frisch drauflos und machte grässlich viele Fehler.

3. Wenn das Mädchen bei den Schularbeiten viele Fehler hatte,

- ◯ dann rief es einfach: „Fehlervogel, friss!" Und der Fehlervogel kam geflogen und fraß alle Fehler und alle Tintenkleckse weg.
- ◯ Dann weinte das Mädchen, weil die Mutter so viel schimpfte.
- ◯ Dann sagte es einfach: „Ich schreibe die ganze Aufgabe noch einmal und strenge mich nun mehr an!"

4. Eines Tages sagte eine Schulkameradin:

- ◯ „Ach, ich möchte auch so klug sein wie du . . ."
- ◯ „Ach, ich möchte auch einen Fehlervogel besitzen . . ."
- ◯ „Ach, könntest du mir den Fehlervogel nicht ausleihen?"

5. Die Schulkameradin durfte am Nachmittag mit ihren Heften kommen.

- ◯ Sie kam ganz allein und verriet keinem Menschen das Geheimnis.
- ◯ Sie kam mit vielen anderen Mädchen und Buben, die alle ihre Hefte mitbrachten.
- ◯ Sie kam mit ihren Freunden und der Lehrerin.

6. Als der Fehlervogel fraß und fraß, da tat es plötzlich einen dumpfen Knall.

- ◯ Da hatte jemand den Fehlervogel totgeschossen.
- ◯ Da hatte der Fehlervogel ein Tintenfass zu Boden gestoßen.
- ◯ Da war der Fehlervogel geplatzt.

7. Lies nach, was nun passierte!

- ◯ Die Tinte spritzte auf den Boden und an die Wände, dass es in der ganzen Wohnung ganz hässlich aussah.
- ◯ Die Tinte spritzte den Kindern ins Gesicht, dass sie ganz blau waren.
- ◯ Die Tintenflecken und die Fehler flogen wieder in die Hefte hinein und die Kinder hatten so viele Fehler und Kleckse wie zuvor und noch viel mehr dazu in ihren Heften.

8. Wie hat das Mädchen wohl seitdem seine Schulaufgaben gemacht?

- ◯ Es hat weiterhin frisch drauflos gearbeitet und viele Fehler gemacht.
- ◯ Es hat gut überlegt, bevor es geschrieben hat.
- ◯ Es hat sich einen neuen Fehlervogel besorgt.
- ◯ Es hat sich Tintentod gekauft.

  Fällt dir noch etwas anderes ein?

9. Was für eine Art von Geschichte könnte das sein?

- ◯ Eine wahre Geschichte aus unserer Umwelt
- ◯ Eine Tiergeschichte
- ◯ Eine fantastische Geschichte

10. Wie viele Vorleser braucht man für diese Geschichte?

Unterstreiche mit verschiedenen Farben, was das Mädchen und seine Klassenkameradin sagen!
Schreibe die Wörter rot nach, die du beim Lesen betonen musst!

Der bewegliche Bürgersteig

Auf dem Planeten Beh hat man jetzt eine merkwürdige Sache erfunden: den beweglichen Bürgersteig. Er dreht sich um die ganze Stadt, man könnte auch sagen, er fährt . . . so, wie eine Rolltreppe ungefähr. Nur, dass es eben keine Rolltreppe ist, sondern ein Bürgersteig, der sich ziemlich langsam bewegt, damit die Leute, die auf ihm stehen, auch Zeit haben in Ruhe die Schaufenster anzugucken und damit alle, die auf- oder abspringen wollen, nicht das Gleichgewicht verlieren.

Auf diesem Bürgersteig stehen auch Bänke für Leute, die lieber sitzend fahren wollen, und für die Alten und die Hausfrauen mit ihren schweren Einkaufstaschen. Auf dem Planeten Beh können jetzt die alten Leute, wenn sie nicht immerzu den gleichen Baum in den Anlagen ansehen wollen, einfach eine Kreuzfahrt auf dem beweglichen Bürgersteig machen. Da sitzen sie bequem und sind ganz fein heraus. Der eine liest seine Zeitung, der andere raucht seine Zigarre oder sie tun gar nichts und ruhen nur aus.

Seit der Erfindung des beweglichen Bürgersteiges sind alle Straßenbahnen, Omnibusse und Autos abgeschafft worden. Straßen gibt es noch, aber die sind immer leer und nur noch dazu da, damit die Kinder nach Herzenslust Fußball spielen können. Wehe dem Schutzmann, der sie von dort vertreiben will! Er muss sofort Strafe zahlen.

Gianni Rodari

Arbeitsaufgaben

1. Du hast gelesen, wo die Leute den beweglichen Bürgersteig erfunden haben!

   ◯ In einer Stadt in Amerika
   ◯ Auf dem Planeten Beh
   ◯ In einer Stadt in Japan
   ◯ Auf dem Mond

2. Womit könnte man den beweglichen Bürgersteig vergleichen?

   ◯ Mit einem Omnibus
   ◯ Mit einer Bergbahn
   ◯ Mit einer Rolltreppe
   ◯ Mit einem Zug

3. Lies in der Geschichte nach, wie sich der Bürgersteig bewegt und weshalb er sich so bewegt!

   ◯ Er bewegt sich ziemlich langsam, damit die Leute Zeit haben, sich die Schaufenster anzusehen.
   ◯ Er bewegt sich ziemlich schnell, damit die Leute rasch von einem Ort zum anderen gelangen.
   ◯ Er bewegt sich langsam, damit die Leute Zeit haben, sich zu unterhalten.

4. Können auch Leute, die nicht gut lange stehen können, mit dem beweglichen Bürgersteig fahren?

   ◯ Nein, sie müssen mit dem Auto fahren.
   ◯ Ja, sie müssen sich aber auf den Boden setzen.
   ◯ Ja, weil auf dem beweglichen Bürgersteig auch Bänke stehen, auf die man sich setzen kann.

5. Die Erfindung des beweglichen Bürgersteigs brachte auf dem Planeten Beh eine wichtige Veränderung.

   ◯ Alle Straßen wurden für die Fußgänger gesperrt.
   ◯ Auf die Straße wurden Häuser gebaut.
   ◯ Alle Straßenbahnen, Omnibusse und Autos wurden abgeschafft.

6. Die Kinder freuten sich besonders über diese Erfindung.

   ◯ Sie konnten nun nach Herzenslust auf der Straße Fußball spielen.
   ◯ Sie konnten nun nach Herzenslust den Schutzmann ärgern.
   ◯ Sie konnten nun auf dem Bürgersteig spielen.

7. Gibt es diesen Planeten Beh in Wirklichkeit?

   ◯ Ja
   ◯ Nein

8. Könnte man auch in unserer Stadt bewegliche Bürgersteige bauen?

   ◯ Ja
   ◯ Nein

Jan findet einen Freund

Jan war mit seinen Eltern umgezogen. Er wohnte jetzt in einem Hochhaus, oben im zehnten Stock. Vom Balkon aus konnte er weit über die Dächer der Stadt schauen, jedenfalls, wenn er nach rechts oder links guckte. Gegenüber war der Blick verbaut. Dort stand ein anderes Hochhaus. Jan gefiel es überhaupt nicht in der neuen Wohnung.

Arbeitsaufgabe 1

Es war genug Platz und er hatte sogar sein eigenes Zimmer. Aber ihm fehlte jemand, mit dem er darin spielen konnte. Seine Freunde hatte er beim Umzug zurücklassen müssen. Nun war er ganz allein. Hinter dem Haus lag zwar ein Hof. Doch die Kinder, die dort spielten, kamen Jan alle viel zu groß vor und er fürchtete sich vor ihnen.
Eines Tages stand er wieder einmal trübsinnig auf dem Balkon und hielt Ausschau: Nach rechts über die Dächer, nach links über die Dächer. Schließlich fing er an, die Stockwerke auf der anderen Straßenseite zu zählen. Eins, zwei, drei, vier, fünf, sechs ... Bei sieben hörte er auf zu zählen. Denn auf dem Balkon im siebten Stockwerk öffnete sich die Tür und ein Junge tauchte auf. Ein Junge in Blue Jeans und mit einem Ringelpulli – und dieser Junge war nicht größer als Jan!

Arbeitsaufgabe 2

Der Junge sah Jan an und Jan sah den Jungen an. Dann lachte der Junge und Jan lachte zurück.
„Wie heißt du?", rief Jan. Der Junge zuckte mit den Schultern und bewegte den Mund. Jan verstand kein Wort, die Entfernung war zu groß. Aber sie konnten sich wenigstens gegenseitig ihr Spielzeug zeigen. Der Junge holte ein rotes Auto, Jan seinen großen Bagger. Der Junge zeigte eine Lokomotive und ein Bahnwärterhaus, Jan seine Schiffe und seine Ritterburg. Und so ging es weiter bis zum Mittagessen. Nach dem Essen wollte Jan gleich wieder auf den Balkon laufen. Doch die Mutter sagte: „Komm, zieh deine Jacke an, wir müssen zum Einkaufen gehen."
Das gefiel Jan gar nicht. Missmutig trottete er neben der Mutter zum Lift. Unten aber machte er wieder ein vergnügtes Gesicht. Denn als sie aus der Haustüre traten, da öffnete sich auch die Türe vom Haus gegenüber und heraus kam eine Frau mit einem Jungen in Blue Jeans und einem Ringelpulli. Der Junge winkte und Jan winkte und dann rannten sie aufeinander zu.

Arbeitsaufgabe 3

„Ich heiße Jan", sagte Jan. „Ich heiße Thomas", sagte der Junge und beide lachten und freuten sich.
Von da an spielten Jan und Thomas jeden Tag zusammen, bei Thomas mit dem roten Auto und der Eisenbahn, bei Jan mit dem Bagger, den Schiffen und der Ritterburg.
Jan hatte endlich wieder einen Freund.

Irina Korschunow

Arbeitsaufgabe 4

Arbeitsaufgaben

1. Weshalb gefiel es Jan in der neuen Wohnung nicht?

   ◯ Wenn man aus dem Fenster schaute, konnte man nur die Wände anderer Häuser sehen.
   ◯ Jan wollte nicht in einem Hochhaus wohnen.
   ◯ Jan hatte noch keine Freunde.

   Waren es vielleicht andere Gründe?
   Überlege und lies dann weiter!

2. Wie hat sich Jan nun wohl verhalten?
   Sprich mit deinem Nachbarn darüber.
   Hättet ihr nicht Lust selbst zu spielen, wie die Geschichte weiterging?

   War es vielleicht so?

   ◯ Jan lief ins Zimmer zurück und schloss die Balkontüre.
   ◯ Jan winkte dem Jungen mit dem Ringelpulli zu.
   ◯ Jan lief zu seiner Mutter und erzählte ihr von dem Jungen mit den Blue Jeans und dem Ringelpulli.

   ◯ Jan rief ihm zu: ____

   ____

3. Was sagte Jan zu dem fremden Jungen?

   ____

   ____

   Wollt ihr noch einmal spielen, wie es weiterging?

4. Erfinde eine andere Überschrift zu der Geschichte und schreibe sie auf.

   ____

   ____

   ____

Die Puppe Dorothee

Ich bin die Puppe Dorothee.
So schön wie ich ist keine.
Ich trag' ein blaues Seidenkleid,
ich gehe gut drei Meter weit,
ich spreche, singe, weine.
Ich habe eine Zweitfrisur
und eine echte Armbanduhr
und kann die wundervollen
hellblauen Augen rollen.
Weil ich etwas Besonderes bin,
sitz' ich in einer Schaukel drin.

Ich red' nicht mit dem Hampelmann,
den Kasperl schau' ich gar nicht an.
Die Teddybär'n, die dummen,
die können nichts als brummen.
Ich lasse keinen in die Näh'.
Ich bin die schöne Dorothee!
Ich trag im Bauch zwei Batterien
und eine kleine Sprechmaschin'
und noch manch' andre Sachen,
die mich sehr teuer machen.

Marina Thudichum

Arbeitsaufgaben

1. Sieht die Puppe Dorothee so aus?

   - ◯ Sie trägt ein blaues Seidenkleid,
   - ◯ hellblaue Schuhe,
   - ◯ eine Armbanduhr,
   - ◯ und einen gelben Hut.

2. Du hast gelesen, was die Puppe Dorothee kann:

   - ◯ sprechen
   - ◯ essen
   - ◯ trinken
   - ◯ weinen
   - ◯ singen
   - ◯ tanzen
   - ◯ mit den Augen rollen
   - ◯ drei Meter weit gehen

3. Was erzählt die Puppe von sich?

   - ◯ So schön wie ich ist keine.
   - ◯ Ich bin etwas besonderes.
   - ◯ Ich bin nicht sehr klug.
   - ◯ Ich bin sehr teuer.

4. Wie verhält sie sich zu anderen?

   - ◯ Sie spricht gern mit dem Hampelmann.
   - ◯ Den Kasperl schaut sie gar nicht an.
   - ◯ Die Teddybären mag sie gern, weil sie so lustig brummen.

5. Welche Eigenschaften passen zu der Puppe?

   - ◯ liebenswert
   - ◯ stolz
   - ◯ dumm
   - ◯ bescheiden
   - ◯ freundlich
   - ◯ eingebildet

6. Was meinst du: Hat die Puppe Freunde?
   Woran liegt es wohl, wenn sie keine Freunde hat?

   ____

   ____

7. Unterstreiche die Wörter, die du beim Vorlesen besonders betonst!
   Lies das Gedicht so vor, dass man merkt, wie eingebildet die Puppe ist!

Ein Unfall

An der Straßenkreuzung beim Kaufhaus Rohrig ist ein Unfall passiert. Herr Müller hat das Zusammenkrachen von Autos gehört. Schnell verlässt er das Kaufhaus und drängt sich durch die Leute, die am Gehsteig stehen geblieben sind. Er möchte ganz genau sehen, was passiert ist.

Mitten auf der Kreuzung stehen zwei Autos. Neben einem Fahrzeug liegt ein Mann. Er blutet stark. Die Leute stellen sich auf die Zehenspitzen um alles genau zu sehen. Sie streiten erregt darüber, wer den Unfall verschuldet hat. Keiner hilft dem Verletzten. Die Leute schauen und reden.

Von ihrer Wohnung aus hat auch Frau Richter den Krach gehört. Sie läuft zum Fenster und sieht, was geschehen ist. Schnell verständigt sie telefonisch die Notrufzentrale.

Als sie wieder zum Fenster geht, sieht sie, wie sich ein Mann um den Verletzten kümmert. Es ist Herr Breitner. Zufällig ist er mit seinem Auto zu dem Unfall gekommen. Aus seiner Autoapotheke holt er Verbandsmaterial und verbindet den Verletzten. Er leistet erste Hilfe.

Die Leute am Straßenrand glotzen und reden. Nach kurzer Zeit treffen Polizei und Krankenwagen fast gleichzeitig ein. Der Notarzt und die Sanitäter kümmern sich um den Verletzten. Die Polizisten nehmen den Unfall auf und sorgen dafür, dass der Verkehr wieder unbehindert fließen kann. Langsam löst sich nun auch die Menschenmenge am Straßenrand wieder auf.

Unbekannter Verfasser

Arbeitsaufgaben

1. Hast du schon einmal einen ähnlichen Unfall beobachtet? Kannst du darüber berichten?

2. Die Leute, die den Unfall bemerkt haben, verhielten sich unterschiedlich.

   Herr Müller

   ○ Er verließ das Kaufhaus und verständigte die Polizei, als er gesehen hatte, was passiert war.
   ○ Er verließ das Kaufhaus, um dem Verletzten zu helfen.
   ○ Er verließ das Kaufhaus, um ganz genau sehen zu können, was passiert war.

   Frau Richter

   ○ Sie beobachtete von ihrem Fenster aus den Unfall und dachte: „Hoffentlich kommt bald Hilfe für den Verletzten!"
   ○ Sie verständigte sofort die Polizei und den Notarzt.
   ○ Sie lief auf die Straße und verband den Verletzten.

   Herr Breitner

   ○ Er stand am Straßenrand und dachte: „Hoffentlich hat jemand Polizei und Notarzt verständigt!"
   ○ Er drängte sich an den Leuten am Straßenrand vorbei, um besser sehen zu können, was geschehen war.
   ○ Er leistete dem Verletzten erste Hilfe.

3. Wer hat sich richtig verhalten? Was denkst du über die drei Antworten?

   ○ Herr Müller, weil er sofort das Kaufhaus verließ, nachdem er das Zusammenkrachen der Autos gehört hatte.
   ○ Frau Richter, weil sie die Notrufzentrale verständigte.
   ○ Herr Breitner, weil er erste Hilfe geleistet hat.

4. Die meisten Leute am Straßenrand schauten nur zu und sprachen über den Unfall.
   Hätten sie helfen können? Hättest auch du schon helfen können?
   Kannst du dir denken, weshalb sie nicht geholfen haben?
   Ihr könnt spielen, wie ein Reporter die Leute fragt, weshalb sie nicht geholfen haben.

Thomas und der Fremde

Alexander und Thomas gehen nach Hause. Sie waren auf dem schönen, großen Spielplatz bei den Hochhäusern. Man muss zwar fast eine halbe Stunde laufen, um dorthin zu kommen, aber es lohnt sich. Nur der Heimweg ist immer mühsam, besonders wenn es so heiß ist wie heute.

„Wo geht's denn hier zur Jahnstraße?", hören die beiden jemand aus einem Auto rufen, das am Straßenrand angehalten hat. „Jahnstraße?" Thomas wohnt in der Jahnstraße. Er versucht zu erklären. „Zuerst links abbiegen, dann rechts – aber erst die zweite – nein die dritte Straße. Dann nochmals rechts. Aber dann kommt eine Einbahnstraße. Da müssen Sie doch anders fahren."
„Willst du nicht einfach mitfahren und mir den Weg zeigen?"
Thomas will gleich einsteigen, aber da gibt ihm Alexander einen Rippenstoß: „Wir dürfen doch bei keinem Fremden mitfahren!" Der Mann im Auto zuckt die Achseln: „Dann versuch' ich's mal alleine."
Er kurbelt die Scheibe hoch und fährt davon.

Alexander erzählt nun Thomas, was vor einigen Tagen in der Zeitung gestanden hatte. Ein Bub war von einem Fremden ins Auto gelockt, in einen Keller gebracht und misshandelt worden. Vielleicht war der Mann im Auto auch ein Verbrecher? Ganz bestimmt war mit ihm nicht alles in Ordnung. Wie er aussah, seine Stimme …

Thomas war froh, als er zu Hause war. Aber was für ein Wagen parkte denn da vor der Haustüre? Es war das Auto des Fremden. Und es kam noch schlimmer: Als er ins Wohnzimmer trat, sah er da den Mann bequem in einem Sessel sitzen. Thomas hatte ein eigenartiges Gefühl im Magen.

„Das ist Herr Lang", sagte Thomas' Mutter. „Ein Freund deines Vaters. Und das ist Thomas." Herr Lang lachte: „Wir kennen uns schon." Er blinzelte dem Buben zu. Thomas merkte bald, dass Herr Lang sehr nett war und dachte sich: „Wie dumm war ich doch, dass ich nicht mitgefahren bin!"

Unbekannter Verfasser

Arbeitsaufgaben

1. Der Spielplatz bei den Hochhäusern hatte einen Nachteil.
   - ◯ Man musste sehr weit laufen um dorthin zu kommen.
   - ◯ Es war dort immer so heiß.
   - ◯ Es gab dort keinen Fußballplatz.

2. Auf dem Heimweg wurden die beiden Buben angesprochen.
   - ◯ Ein Fremder lud die Buben zu einer Spazierfahrt ein.
   - ◯ Ein Bekannter von Thomas' Vater wollte die Buben nach Hause fahren.
   - ◯ Ein Fremder fragte nach dem Weg.

3. Wie verhielt sich Thomas, als ihn der Mann bat ins Auto zu steigen.
   - ◯ Er stieg ein und fuhr mit.
   - ◯ Er wollte gleich einsteigen, aber Alexander hielt ihn zurück.
   - ◯ Er sagte: „Ich darf mit Fremden nicht im Auto mitfahren."

4. Als Thomas zu Hause war, erlebte er eine Überraschung.
   - ◯ Der Fremde war in seine Wohnung eingebrochen und wartete auf ihn.
   - ◯ Der Fremde wurde von der Polizei verhaftet, weil er ein Verbrecher war.
   - ◯ Der Fremde saß im Wohnzimmer. Er war ein Freund seines Vaters.

5. Was sagte Thomas, als er feststellte, dass Herr Lang sehr nett war?
   - ◯ „Wie dumm war ich doch, dass ich nicht mitgefahren bin!"
   - ◯ „Was hat mir Alexander nur für dummes Zeug erzählt!"
   - ◯ „Es war trotzdem richtig, dass ich nicht mitgefahren bin!"

   Denkst du das Gleiche?
   Sprich mit deinen Eltern oder deinem Lehrer darüber!

Für fünf Cent Luft

Endlich regnete es nicht mehr. Hans trug seinen Roller auf die Straße und sauste los. Wie der Wind ihm um die Ohren blies! Im Nu war er den Berg hinunter.

Doch plötzlich bremste er. Da war doch etwas nicht in Ordnung! Schlapp-schlapp-schlapp, schlapp-schlapp-schlapp machte das Hinterrad.

Hans hielt an und guckte nach. O weh, da war zu wenig Luft drin! Zu dumm, dass ich vorher nicht nachgesehen habe, dachte er. Was soll ich jetzt machen? Wenn nur ein Radfahrer käme! Er fuhr bis zur Ecke und blickte die Straße hinunter. – Da sah er die neue Tankstelle.

Langsam ging er hin und blieb an der kleinen Mauer stehen. Gerade füllte der Mann im blauen Anzug Benzin in einen Autotank. Hans sah, wie die Benzinuhr an der Tanksäule die Liter zählte. Bei vierzig stoppte sie. Nun nahm der Tankwart den Luftschlauch und prüfte den Reifendruck.

Vielleicht gibt er mir auch ein bisschen Luft ab, dachte Hans und kramte in seiner Hosentasche. Er hatte doch noch fünf Cent! Er wartete noch, bis der Tankwart die Scheiben des Autos gereinigt hatte. Als der Fahrer ins Tankstellenhaus ging, um das Benzin zu bezahlen, fuhr Hans vor.

„Bitte, kann ich bei Ihnen etwas Luft für meinen Roller haben?", fragte er und hielt dem Mann seinen Fünfer hin.
„Hallo", lachte der Tankwart, „so teuer ist die Luft bei uns nicht!" Schnell schraubte Hans das Ventil auf. Der Tankwart nahm den Luftschlauch, Hans sah auf die große Messuhr, die den Luftdruck anzeigte. Pff-pff-pff machte es. Der Zeiger bewegte sich und der Reifen wurde dick.

„Vielen Dank", sagte Hans und reichte dem netten Mann sein Geldstück.
„Schon gut, Junge", winkte der Tankwart. „Behalt es fürs Wiederkommen!"
„Danke, danke schön", rief Hans und kurvte um die Tanksäule. Der Tankwart ist in Ordnung, dachte er, als er die Ausfahrt hinunterfuhr.

Elisabeth Kohler

Arbeitsaufgaben - nur eine Antwort ist richtig, kreuze an!

1. Als Hans den Berg hinuntersauste, bemerkte er, dass mit seinem Roller etwas nicht in Ordnung war.
   - ○ Der Reifen war geplatzt.
   - ○ Das Reifenventil war herausgebrochen.
   - ○ Zu wenig Luft war im Reifen.

2. Hans dachte: Wenn nur ein Radfahrer käme!
   - ○ Er hätte ihn gebeten: „Bitte, leihe mir deine Luftpumpe, damit ich den Reifen aufpumpen kann."
   - ○ Er hätte gefragt: „Kannst du mich nach Hause fahren?"
   - ○ Er hätte seinen Roller gegen das Fahrrad eingetauscht.

3. Als Hans um die Ecke fuhr und die Straße hinunterblickte, entdeckte er etwas:
   - ○ Er sah eine Fahrradhandlung.
   - ○ Er sah einen Fahrradfahrer kommen.
   - ○ Er sah die neue Tankstelle.

4. Hans beobachtete den Tankwart.

◯ Der Tankwart tankte ein Fahrzeug auf, prüfte den Reifendruck und reinigte die Scheiben.
◯ Der Tankwart füllte Benzin in den Autotank und kassierte danach das Geld.
◯ Der Tankwart prüfte den Ölstand, füllte Öl nach und wünschte dem Autofahrer „gute Fahrt".

5. Nachdem der Autofahrer ins Tankstellenhaus gegangen war, fuhr der Bub vor.

◯ Er fragte: „Kann ich für zehn Cent Luft kaufen?"
◯ Er sagte: „Tanken Sie mein Fahrzeug auf und füllen Sie Luft nach."
◯ Er bat um etwas Luft für seinen Roller und hielt dem Mann ein Fünfcentstück hin.

6. Lies nach, wie sich der Tankwart verhielt!

◯ Der Tankwart schickte den Buben fort, weil er nur große Leute mit Autos bedient.
◯ Der Tankwart füllte den Rollerreifen mit genügend Luft.
◯ Der Tankwart lieh dem Buben eine Luftpumpe.

7. Ließ sich der Tankwart die Luft bezahlen?

◯ Der Tankwart verlangte 30 Cent für die Luft.
◯ Der Tankwart sagte: „Fünf Cent kostet die Luft und fünf Cent schenke ich dir für deine Spardose."
◯ Nein. Hans durfte das Geld behalten.

8. Als Hans wegfuhr dachte er:

◯ Der Tankwart hätte freundlicher sein können!
◯ Der Tankwart ist in Ordnung!
◯ Bei dem Tankwart werde ich nicht tanken, wenn ich groß bin!

9. Könnte das eine wahre Geschichte aus deiner Umwelt sein?

◯ Ja.
◯ Nein, weil es in Wirklichkeit keinen so freundlichen Tankwart gibt.
◯ Nein, weil man an einer Tankstelle keine Luft für einen Roller bekommen kann.

10. Das ist

◯ ein Märchen
◯ eine Fabel
◯ eine Geschichte aus unserer Umwelt.

Der Pflaumenkern

Die Mutter kaufte Pflaumen und wollte sie den Kindern als Nachtisch geben. Sie legte die Pflaumen auf einen Teller. Wanja hatte noch nie Pflaumen gegessen. Er beschnupperte sie in einem fort. Sie gefielen ihm. Er hatte die größte Lust sie gleich aufzuessen. Immer wieder ging er an den Pflaumen vorbei.

Als gerade niemand in der Stube war, hielt er es nicht mehr aus, nahm eine Pflaume und aß sie.

Vor dem Mittagessen zählte die Mutter die Pflaumen und sah gleich: Da fehlt eine. Sie sagte es dem Vater.

Beim Essen fragte der Vater: „Na, Kinder, hat da nicht eins von euch eine Pflaume gegessen?"

Alle sagten: „Nein!"

Wanja wurde rot wie ein Krebs in kochendem Wasser und sagte auch: „Nein, ich nicht!"

Da sagte der Vater: „Es wäre ja kein Unglück, wenn jemand von euch eine Pflaume gegessen hätte. Schlimm wäre nur, wenn jemand nicht wüsste, wie man Pflaumen isst und er hätte den Kern mitverschluckt. So einer nämlich stirbt noch am gleichen Tag. Das fürchte ich."

Wanja wurde blass und sagte: „Nein, nein, den Kern hab' ich aus dem Fenster geworfen."
Und alle mussten lachen.

Leo N. Tolstoi

Arbeitsaufgaben

1. Mutter hatte für die Kinder etwas Feines zum Nachtisch eingekauft:
   - ○ Pfirsiche
   - ○ Pflaumen
   - ○ Pfefferkörner.

2. Welcher von diesen Sätzen steht genau so in der Geschichte?
   - ○ Wanja hatte noch nie Pflaumen gegessen.
   - ○ Wanja hatte schon oft Pflaumen gegessen.
   - ○ Wanja aß Pflaumen ganz besonders gern.

3. Wanja gefielen die Pflaumen.
   - ○ Er hatte die größte Lust sie gleich aufzuessen.
   - ○ Er hatte große Lust sie nach dem Mittagessen aufzuessen.
   - ○ Er hätte sie gerne seinem Vater zum Essen gebracht.

4. Weißt du noch, was geschah, als gerade niemand im Zimmer war?
   - ○ Wanja aß die ganzen Pflaumen auf.
   - ○ Wanja hielt es nicht mehr aus und aß eine Pflaume.
   - ○ Wanja steckte eine Pflaume in seine Hosentasche.

5. Als Mutter die Pflaumen vor dem Essen zählte, fehlte eine und sie erzählte es dem Vater.

- ◯ Der Vater verprügelte die Kinder, weil einer die Pflaume gestohlen haben musste.
- ◯ Der Vater sagte: „Das macht doch nichts. Wir haben ja noch genug Pflaumen."
- ◯ Der Vater fragte die Kinder, wer die Pflaume gegessen habe.

6. Wie verhielt sich Wanja, als der Vater fragte?

- ◯ Er wurde rot wie ein Krebs und stritt ab, dass er die Pflaume genommen hatte.
- ◯ Er wurde rot und gab zu, dass er eine Pflaume versucht hatte.
- ◯ Er legte einen Krebs in kochendes Wasser und sagte: „Nein, ich nicht."

7. Lies nach, was der Vater sagte! Welcher von diesen Sätzen steht in der Geschichte?

- ◯ „Es wäre ja ein Unglück, wenn jemand von euch eine Pflaume gegessen hätte."
- ◯ „Schlimm wäre nur, wenn jemand nicht wüsste, wie man Pflaumen isst und er hätte den Kern mitverschluckt."
- ◯ „So einer nämlich stirbt noch in der gleichen Nacht. Das fürchte ich."

8. Warum mussten am Schluss alle lachen?

- ◯ Weil Wanja so blass geworden war.
- ◯ Weil sich Wanja verraten hatte.
- ◯ Weil Wanja den Kern aus dem Fenster geworfen hatte und nun nicht sterben musste.

9. Könnte sich diese Geschichte in Wirklichkeit ereignet haben?

- ◯ Ja
- ◯ Nein

10. Das ist eine

- ◯ Tiergeschichte
- ◯ Fabel
- ◯ Märchen
- ◯ Geschichte aus unserer Umwelt

Das Bäumchen

Am Rande eines Weges hatten Kinder ein Bäumchen gepflanzt. Es war zwar noch klein; aber es hatte schon seine Wurzeln ins Erdreich geschlagen und wurde größer.

Eines Tages ging ein Mädchen vorüber. Es riss ein Blättchen ab und warf es weg. „Wozu habe ich wohl dieses Blatt abgerissen?", überlegte es. Aber bald war es mit seinen Gedanken schon wieder bei anderen Dingen.

Nicht lange danach kam ein Junge den Weg entlang, brach einen kleinen Zweig ab und dachte: „Was macht das schon aus, solch ein Zweiglein? Es sind ja noch mehrere daran."

Es dauerte eine Weile, da lief eine Ziege auf dem Wege daher. Sie knabberte an den Zweigen herum, fraß ein Stückchen Rinde ab und trabte weiter.

Nun fuhr ein Radfahrer den Weg entlang. Er wollte ein wenig ausruhen und lehnte sein Rad an das Bäumchen. Dabei schürfte er etwas Rinde ab.

Ein wenig später spazierte ein großer Junge vorbei, der ein neues Taschenmesser bekommen hatte. „Ob mein Messer wohl scharf genug ist?" Gerade an unserem Bäumchen wollte er es ausprobieren. Mit einem Schnitt trennte er die Krone ab und war zufrieden, dass sein Messer so schön scharf war.

Das Bäumchen aber verdorrte.

Eines Tages kamen die Kinder, die es gepflanzt hatten, vorüber. „Seht nur, wie schade", sagten sie. „Ob hier keine Bäume wachsen können?"

Unbekannter Verfasser

Arbeitsaufgaben

1. Was hatten die Kinder am Rande des Weges gepflanzt?

____

2. Ein Mädchen ging eines Tages vorüber,
   - ◯ riss ein Ästchen ab und warf es weg.
   - ◯ riss ein Blättchen ab und nahm es mit.
   - ◯ riss ein Blättchen ab und warf es weg.

3. Wer riss einen kleinen Zweig von dem Bäumchen ab?
   - ◯ Ein Junge, der den Weg entlang kam.
   - ◯ Ein Radfahrer, der vorüberfuhr.
   - ◯ Ein Schaf, das Hunger hatte.

4. Eine Ziege
   - ◯ knabberte an den Wurzeln herum und fraß ein Stück Rinde ab.
   - ◯ knabberte an den Zweigen herum und fraß ein Stückchen Rinde ab.
   - ◯ knabberte an den Zweigen herum und fraß schließlich das Bäumchen ab.

5. Wie hat der Radfahrer das Bäumchen beschädigt?
   - ◯ Er schürfte etwas Rinde ab, als er sein Fahrrad dagegen lehnte.
   - ◯ Er schnitt mit dem Messer die Baumkrone ab.
   - ◯ Er probierte an dem Bäumchen sein neues Taschenmesser aus.

6. Warum ist das Bäumchen verdorrt?
   - ◯ Weil das Bäumchen nicht genug Wasser bekam.
   - ◯ Weil an dem Ort, wo es gepflanzt wurde keine Bäume wachsen können.
   - ◯ Weil das Mädchen, die Ziege, der Radfahrer und die beiden Jungen das Bäumchen beschädigt haben.

7. Was kannst du aus der Geschichte lernen?

____

____

____

____

____

____

Ein Fühl-merk-Wettspiel

Für dieses Spiel braucht ihr ein Säckchen, am besten aus Leinen. Wichtig ist, dass es aus undurchsichtigem Material besteht. Der Spielleiter legt etwa 10 verschiedene kleine Gegenstände, die man an der Form erkennen kann, hinein (zum Beispiel einen Löffel, einen Radiergummi, einen Bleistiftspitzer, eine Kerze, ein Geldstück, einen Füller, einen Tischtennisball usw.).

Nun dürfen die Mitspieler nacheinander mit einer Hand in das Säckchen greifen und erfühlen, was sich darin befindet. Sie dürfen es den anderen aber nicht verraten. Wer die Gegenstände nach etwa einer Minute ertastet hat, soll sofort aufschreiben (oder aufzeichnen), was sich in dem Säckchen befindet. Sieger ist, wer die meisten Gegenstände richtig erfühlt und sich gemerkt hat.

Unbekannter Verfasser

Arbeitsaufgaben

1. Warum muss das Säckchen, das du für dieses Spiel brauchst, aus undurchsichtigem Material sein?

   ◯ Es wäre zu schwierig ein durchsichtiges Säckchen zu beschaffen.
   ◯ Ein durchsichtiges Säckchen würde beim Spiel zu leicht zerreißen.
   ◯ Wenn es durchsichtig wäre, könnte man die Gegenstände darin sehen und bräuchte sie nicht erfühlen.

2. Warum darfst du kein Küchenmesser in das Säckchen legen?

   ◯ Die Mitspieler könnten sich an der scharfen Klinge verletzen.
   ◯ Es ist zu schwierig diesen Gegenstand zu erfühlen.
   ◯ Ein Küchenmesser wäre zu groß.

3. Warum kann der Spielleiter selbst nicht mitspielen?

   ◯ Weil sonst zu viel mitspielen würden.
   ◯ Er hat die Gegenstände ausgesucht und weiß, was sich im Säckchen befindet.
   ◯ Er muss aufpassen, dass keiner schwindelt.

4. Wer hat gewonnen?

   ◯ Franz hat auf seinem Zettel sechs Gegenstände aufgeschrieben; vier sind richtig, zwei falsch.
   ◯ Evi hat fünf Gegenstände aufgezeichnet, weil sie noch nicht so gut schreiben kann. Alle Gegenstände sind richtig.
   ◯ Kemal hat sieben Gegenstände aufgezeichnet, weil er die deutschen Wörter dafür noch nicht alle kennt. Ein Gegenstand ist falsch.

5. Kannst du deinen Klassenkameraden das Spiel erklären? Habt ihr Lust es einmal auszuprobieren?

Das Eskimo-Schokoladen-Schnelless-Würfelspiel

Kennt ihr dieses Spiel? Habt ihr es vielleicht schon einmal bei einer Geburtstagsfeier oder einer anderen lustigen Party gespielt? Am interessantesten ist es, wenn vier bis sieben Kinder mitspielen. Ihr braucht dazu erst einmal Handschuhe, eine Mütze und einen Schal – auch wenn ihr das Spiel im Sommer spielt. Dann holt ihr aus dem Küchenschrank einen Teller und Messer und Gabel. Jetzt fehlt nur noch ein Würfel und natürlich eine Tafel Schokolade.

Diese Dinge legt ihr auf den Tisch und beginnt nacheinander zu würfeln. Wer eine Sechs bekommt, darf rasch die Mütze aufsetzen, den Schal umbinden und die Handschuhe anziehen. Mit Messer und Gabel versucht er dann, ein Schokoladenstück von der Tafel, die auf dem Teller liegt, abzuschneiden, das Papier zu entfernen und die Schokolade zu essen. Die Mitspieler würfeln inzwischen, bis der nächste Spieler eine Sechs gewürfelt hat. Dann müssen Mütze, Schal, Handschuhe, Messer und Gabel weitergegeben werden und der Nächste darf sein Glück versuchen und seine Geschicklichkeit unter Beweis stellen. Nur wer schnell ist und Glück hat, wird von der Schokolade etwas abbekommen. Das Spiel dauert so lange, bis die Schokolade aufgegessen ist. Viel Spaß!

Unbekannter Verfasser

Arbeitsaufgaben

1. Kreuze an, welche Dinge du für das Spiel benötigst:

○ Teller
○ Tasse
○ Topf
○ Messer
○ Gabel
○ Löffel
○ Mütze
○ Mantel
○ Schal
○ Handschuhe
○ Strümpfe
○ Tafel Schokolade

Ein wichtiger Gegenstand fehlt noch!
Schreibe auf, wie er heißt!

____

2. Was geschieht, wenn ein Spieler eine Sechs würfelt?

○ Er darf sofort beginnen die Schokolade mit Messer und Gabel zu essen.
○ Er darf Mütze, Schal und Handschuhe anziehen und von der Schokolade essen.
○ Er darf Mütze, Schal und Handschuhe anziehen und von der Schokolade mit Messer und Gabel essen.

3. Während ein Spieler isst,

○ schauen ihm die anderen zu.
○ würfeln die anderen weiter.
○ dürfen sich auch die anderen Kinder von der Schokolade etwas nehmen.

4. Was passiert, wenn erneut eine Sechs gewürfelt wird?

○ Dann ist das Spiel zu Ende.
○ Der eine muss aufhören zu essen und sich ausziehen, damit sich der Nachfolger anziehen und weiteressen kann.

5. Findest du andere lustige Namen für das Spiel?
Du kannst sie hier aufschreiben:

____

____

____

____

Die kleine Graugans

Heute war der große Tag. Meine kleine Graugans war im Brutapparat aus dem Ei geschlüpft. Ich wartete, bis sie kräftig genug war, um ein paar Schritte zu gehen. Jetzt streckte sie den Hals weit vor und grüßte mich: „Wiwiwiwiwi!"

Ich nahm das Wildgänschen auf und steckte es unter den warmen Bauch einer alten Hausgans. Die alte Gans sollte von nun an seine Mutter sein. Doch da wollte es nicht bleiben.

„Pfüh . . . pfüh . . . pfüh!" Laut weinend lief es mir nach. Als ich mich umdrehte, hörte es auf zu weinen und grüßte mich wieder: „Wiwiwiwiwi!" Das bedeutete, es wollte mich und nicht die alte Hausgans zur Mutter haben. Und es wollte immer bei mir bleiben.

Wo ich hinging, wollte es auch hingehen. Ging ich ins Wasser, dann schwamm es hinter mir her, so wie alle Gänsekinder ihrer Mutter folgen. Arbeitete ich an meinem Schreibtisch, dann lag Martina – so nannte ich die junge Wildgans – zufrieden unter meinem Stuhl. Wenn Martina einschlief, sagte sie verschlafen: „Wirrrrrrrrr!" Das ist graugänsisch und heißt: „Ich bin glücklich!"

Nach jeder Stunde fragte Martina: „Wiwiwiwi . . . pfüh . . . wiwiwiwi . . . ? Hier bin ich, wo bist du?" Ich musste dann wie eine alte Graugans antworten: „Gangangang!" Darauf schlief Martina wieder ein. Aber nach einer Stunde fragte sie wieder: „Wiwiwiwi . . . pfüh . . . wiwiwiwi?"

Nach Konrad Lorenz

Arbeitsaufgaben

1. Wen sah die kleine Graugans zuerst, als sie aus dem Ei schlüpfte?
   - ◯ Den Mann, der uns diese Geschichte erzählt hat
   - ◯ Ihre Gänsemutter
   - ◯ Eine alte Hausgans

2. Wie verhielt sich die kleine Graugans, als sie der Mann (er heißt Konrad Lorenz) unter den warmen Bauch der alten Hausgans steckte?
   - ◯ Das Wildgänschen freute sich, dass es eine Gänsemutter hatte.
   - ◯ Das Wildgänschen lief weg und suchte seine richtige Mutter.
   - ◯ Das Wildgänschen wollte nicht bei der Hausgans bleiben. Es lief weinend Konrad Lorenz nach.

3. Wen wollte die kleine Gans als Mutter haben?
   - ◯ Es wollte keine Mutter haben.
   - ◯ Es wollte Konrad Lorenz zur Mutter haben.
   - ◯ Es wollte die Hausgans zur Mutter haben.

4. Wie verhielt sich nun Martina, die Gans?
   - ◯ Sie blieb immer bei Konrad Lorenz.
   - ◯ Sie lief nach einiger Zeit zurück zu den anderen Gänsen.
   - ◯ Sie blieb nur noch kurze Zeit bei Konrad Lorenz.

5. Wie unterhielt sich Konrad Lorenz mit der Gans?
   - ◯ Er sprach zu der Gans wie zu einem Menschen.
   - ◯ Er sprach nicht mit der Gans.
   - ◯ Er ahmte die Tiersprache nach.

6. Verhalten sich Gänse in Wirklichkeit so, wie du es in dieser Geschichte gehört hast?
   - ◯ Nein
   - ◯ Ja, aber nur bei Konrad Lorenz
   - ◯ Ja

7. Was für eine Art von Geschichte ist das?
   - ◯ Märchen
   - ◯ Fabel
   - ◯ Tiergeschichte

Das Fohlen

Das Fohlen ging neben seiner Mutter auf einer grünen Weide. Das Fohlen war hellbraun, die Stute war dunkelbraun. Mutter und Kind hatten sich lieb und wichen nicht voneinander. Beide hatten die Köpfe gesenkt und fraßen Gras und Klee. Wenn die Mutter den Hals wendete, um an anderer Stelle Gras zu rupfen, wendete sogleich auch das Fohlen den Hals nach derselben Seite und fraß dort, wo auch seine Mutter fraß.

Eines Tages wurde das Fohlen übermütig. Es sprang hin und her und versuchte, ob es nicht irgendwo durch den Zaun kommen konnte. Aber überall war er dicht zu. Da trabte es weiter am Zaun entlang.

Plötzlich entdeckte es ein Loch. Es zwängte sich hindurch und stand mit einem Mal zwischen dichten, hohen Büschen, ganz allein.

Die Mutter hatte gleich bemerkt, dass ihr Kind von der Weide fort war. Sie rief es und trabte unruhig umher. Das Fohlen hörte die Mutter und lief außen am Zaun entlang, um wieder zu ihr zu kommen. So suchten sich Mutter und Kind und hatten sich bald gefunden. Die Mutter reckte ihren Kopf über den Zaun hinüber und leckte ihr Kind zärtlich. Das Fohlen trampelte vor Freude, dass es wieder bei der Mutter war.

Aber o weh! Der Zaun war ja zwischen den beiden! Das Fohlen war ja weggelaufen von der Stelle, an der das Loch im Zaun war. Und wiederfinden konnte es die Stelle nicht, dazu war es zu dumm.

Da kamen Schritte, schwere Schritte. Ein Mann tauchte auf, hinter dem Gebüsch. Wollte er das Fohlen mitnehmen? War das wohl ein Pferdedieb?

Nein, es war der Bauer selbst, der nach seinen Pferden sehen wollte. Er erblickte das Fohlen da draußen und rief erstaunt: „Wie bist du denn durch den Zaun gekommen, du kleiner Ausreißer!"

Er nahm einen Strick aus der Tasche, band ihn dem Fohlen um den Hals und zog es mit sich. Die Stute lief drinnen am Zaun mit. So trabten sie nebeneinander her, bis sie an das Eingangstor kamen. Der Bauer hob das Tor an und schob es vor. Nun war es offen. Da rannte das Fohlen aber hindurch und sprang seiner Mutter entgegen!

Alma de l'Aigle

Arbeitsaufgaben

1. Stehen diese Sätze so in der Geschichte?
   - ○ Mutter und Kind waren selten beieinander.
   - ○ Mutter und Kind hatten sich lieb und wichen nicht voneinander.
   - ○ Eines Tages war das Fohlen übermütig.
   - ○ Eines Tages war das Fohlen mutig.
   - ○ Und wiederfinden konnte es die Stelle nicht, dazu war es zu dumm.
   - ○ Er nahm einen Strick aus der Tasche, band ihn dem Fohlen um den Hals und zog es mit sich.
   - ○ Da rannte das Fohlen aber hindurch und sprang seiner Mutter entgegen.
   - ○ Das Fohlen war froh, als es wieder bei seiner Mutter war.

2. Lies nach, aus welchem Grund sich das Fohlen von seiner Mutter entfernte!

- ◯ Weil es seine Mutter nicht mochte.
- ◯ Weil es gerne einmal auf einer anderen Wiese grasen wollte.
- ◯ Weil es übermütig war.

3. Das Fohlen konnte nicht mehr zu seiner Mutter zurück.

- ◯ Der Zaun war zwischen den beiden und die Mutter konnte nicht durch das Loch im Zaun schlüpfen.
- ◯ Der Zaun war zwischen den beiden und das Fohlen fand nicht mehr die Stelle, wo es durch den Zaun geschlüpft war.
- ◯ Der Zaun war zwischen den beiden und es gab keinen Weg für das Fohlen zu seiner Mutter zurückzukommen.

4. Nach einiger Zeit hörte man, wie sich jemand näherte.

- ◯ Es war der Bauer, der nach seinen Pferden sehen wollte.
- ◯ Es war ein Pferdedieb, der das Fohlen mitnehmen wollte.
- ◯ Es war ein Bauer, der die Pferde stehlen wollte.

5. Der Bauer band dem Fohlen einen Strick um den Hals und zog es mit sich.

- ◯ Er führte die Pferdemutter zu ihrem Fohlen.
- ◯ Er brachte das Fohlen durch das Tor zurück zu seiner Mutter.
- ◯ Er brachte das Fohlen in den Stall.

6. Von wem erfährst du in dieser Geschichte am meisten?

- ◯ Von einer Stute und ihrem Fohlen
- ◯ Von einem Bauern, der zwei Pferde besitzt
- ◯ Von einem Bauern und einem Fohlen

7. Du hast gelesen, wie sich die Tiere verhielten.

- ◯ So wie die Schriftstellerin die Geschichte erzählt, kann sie sich nicht ereignet haben.
- ◯ Pferde verhalten sich in Wirklichkeit anders.
- ◯ In der Wirklichkeit verhalten sich Pferde so.

8. Du hast sicher gemerkt, was für eine Art von Geschichte das ist!

- ◯ Fabel
- ◯ Märchen
- ◯ Tiergeschichte

Der Nordwind und die Sonne

An einem kalten Morgen sahen der Nordwind und die Sonne einen Mann, der einen nagelneuen Mantel trug.
„Der scheint sich in seinem schönen Gewand sehr wohl zu fühlen", sagte der Nordwind, „aber ich könnte es ihm mit Leichtigkeit vom Leib blasen."
Da antwortete die Sonne: „Das wird nicht so einfach sein. Wollen wir versuchen, wem es zuerst gelingt ihm den Mantel auszuziehen? Du darfst anfangen."

Der Nordwind fing an mit aller Kraft zu blasen.
Die Leute jagten ihren Hüten nach. Die Bäume verloren alle Blätter. Die Tiere hatten große Angst. Viele Schiffe gingen unter im Sturm.

Aber so sehr sich der Nordwind auch anstrengte, der Mann hielt seinen Mantel nur um so fester.

„Nun komme ich an die Reihe", rief die Sonne.
Und als sie anfing ihre Wärme auszustrahlen, kamen die Bienen und Schmetterlinge hervor, die Blumen öffneten ihre Kelche und die Vögel ließen ihr Lied erschallen. Die Tiere schliefen friedlich ein und die Menschen kamen aus den Häusern, um zu plaudern.
Dem Mann aber in seinem schönen Mantel wurde es sehr heiß. Und als er einen Fluss sah, zog er sich aus und badete.

Jean de La Fontaine

Arbeitsaufgaben

1. Was wollten der Nordwind und die Sonne erreichen?
   - ◯ Sie wollten einen Mann ärgern.
   - ◯ Sie wollten den Menschen eine Freude machen.
   - ◯ Sie wollten einem Mann seinen nagelneuen Mantel ausziehen.

2. Der Nordwind blies mit aller Kraft. Lies nach, was geschah!
   - ◯ Er konnte dem Mann den Mantel mit Leichtigkeit vom Leib blasen.
   - ◯ Es gelang ihm, dass der Mann seinen Mantel sogleich auszog.
   - ◯ Der Mann hielt seinen Mantel nur um so fester.

3. Die Sonne versuchte es auf andere Weise.
   - ◯ Sie versuchte den Mann zu überreden.
   - ◯ Sie zerrte dem Mann den Mantel vom Leib.
   - ◯ Sie fing an ihre Wärme auszustrahlen, dass Bienen und Schmetterlinge hervorkamen.

4. Hatte die Sonne schließlich mehr Erfolg als der Nordwind?
   - ◯ Ja. Der Mann zog seinen Mantel aus, weil es ihm zu heiß wurde.
   - ◯ Ja. Der Mann nahm seinen Hut vom Kopf und winkte der Sonne zu.
   - ◯ Nein. Der Mann war durch nichts zu bewegen den schönen, neuen Mantel auszuziehen.

5. Könnte sich diese Geschichte in Wirklichkeit ereignet haben?
   - ◯ Ja
   - ◯ Nein

6. Welche von diesen Sätzen sagen dir, dass sich die Geschichte nicht in Wirklichkeit ereignet haben kann?
   - ◯ „Der scheint sich in seinem schönen Gewand sehr wohl zu fühlen", sagte der Nordwind …
   - ◯ Da antwortete die Sonne: „Das wird nicht so einfach sein …"
   - ◯ Die Leute jagten ihren Hüten nach.
   - ◯ „Nun komme ich an die Reihe", rief die Sonne.
   - ◯ Dem Mann aber in seinem schönen Mantel wurde es sehr heiß.

Das Haus der Tiere

An der Ecke vom Speckplatz zur Hafergasse steht ein lila Haus. In diesem lila Haus wohnen lauter Tiere.

Im Erdgeschoss wohnt Frau Maus, im ersten Stock wohnt Major Hund, im zweiten Stock wohnt Fräulein Kalb und in der Mansarde unter dem Dach wohnt Herr Gaul.
Einmal in der Frühe kamen wir vorbei und riefen: „Guten Morgen, wie habt ihr geschlafen?"

Da ging das Fenster im Erdgeschoss auf und Frau Maus piepste: „Kein Auge habe ich zugemacht. Die ganze Nacht hat Major Hund über mir gejault."

Da ging das Fenster im ersten Stock auf und Major Hund bellte: „Was soll ich nicht jaulen, wenn auf meiner Zimmerdecke Fräulein Kalb über Tisch und Stühle springt."

Da ging das Fenster im zweiten Stock auf und Fräulein Kalb blökte: „Ich habe mir nur die Zeit vertrieben, weil oben Herr Gaul so mit seinen Hufen trampelte, dass ich nicht schlafen konnte."

Und da ging das Mansardenfenster auf und Herr Gaul wieherte herab: „So, so. Das muss ich wohl im Traum gemacht haben!"

Josef Guggenmos

Arbeitsaufgaben

1. Von welchen Tieren hast du in dieser Geschichte gehört?
   - ◯ Von einer Maus, einer Katze, einem Kalb und einem Pferd
   - ◯ Von einer Maus, einem Hund, einem Kalb und einem Gaul
   - ◯ Von einer Maus, einem Hund, einer Ziege und einem Gaul

2. Du hast gelesen, dass einige dieser Tiere nachts nicht schlafen konnten. Welche Tiere waren es?
   - ◯ Maus, Hund und Kalb
   - ◯ Maus, Hund, Kalb und Gaul
   - ◯ Maus, Hund und Gaul

3. Wer trägt die Schuld, dass die Maus nicht schlafen konnte?
   - ◯ Sie selbst
   - ◯ Der Hund, weil er die ganze Nacht jaulte.
   - ◯ Das Pferd allein war schuld.

4. Du hast gelesen, weshalb der Hund jaulte!
   - ◯ Fräulein Kalb sprang über Tisch und Stühle.
   - ◯ Er ärgerte sich über das Pferd.
   - ◯ Er wollte der Maus eine Freude machen.

5. Auch das Kalb konnte nicht schlafen!
   - ◯ Weil der Hund so schrecklich laut jaulte.
   - ◯ Weil der Gaul mit den Hufen trampelte.
   - ◯ Weil die Maus piepste.

Haferg.
1

6. Der Gaul hatte eine Erklärung für den Lärm, der aus seinem Zimmer kam:

- ◯ „Ich konnte nicht schlafen. Deshalb lief ich im Zimmer hin und her."
- ◯ „Ich habe ein wenig getanzt."
- ◯ „Das muss ich wohl im Traum gemacht haben."

7. Wie wäre die Geschichte verlaufen, wenn sich das Kalb trotz des Lärms von oben ruhig verhalten hätte?

- ◯ Der Hund und die Maus hätten ruhig schlafen können.
- ◯ Dann hätte das Pferd besser geschlafen.
- ◯ Das Pferd und die Maus hätten besser schlafen können.

8. Wer trägt die Schuld, dass die Maus nicht schlafen konnte?

- ◯ Nur das Pferd
- ◯ Nur das Kalb
- ◯ Das Pferd, das Kalb und der Hund

9. Welchen Rat könnte man den Tieren geben, damit sie sich künftig nicht mehr so stören?

- ◯ Das Pferd soll ausziehen.
- ◯ Alle Tiere sollen sich eine andere Wohnung suchen.
- ◯ Das kleinste Tier soll ganz nach oben ziehen, weil es am wenigsten Lärm macht. Das größte Tier soll ins Erdgeschoss ziehen, weil es am meisten Lärm macht.

Überlege selbst und besprich es mit deinem Lehrer!

10. Von wem wird in dieser Geschichte erzählt?

- ◯ Nur von Tieren
- ◯ Von Dingen und Menschen
- ◯ Von Menschen und Tieren

11. Verhalten sich Tiere in Wirklichkeit so?

- ◯ Ja, aber sie unterhalten sich in der Tiersprache.
- ◯ Ja, aber nur manchmal.
- ◯ Nein.

12. Welche Art von Geschichte ist das?

- ◯ Geschichte aus unserer Umwelt
- ◯ Fabel
- ◯ Tiergeschichte

Der Löwe und die Ratte

Eines Tages lief eine Ratte versehentlich zwischen die Pranken eines Löwen. Der Löwe jedoch ließ die Ratte entwischen. Die Ratte bedankte sich und sprach: „Vielleicht werde ich dir eines Tages dafür helfen können." Der Löwe sagte lachend: „Wie kann ein so winziges Wesen wie du dem Herrn der Steppe helfen?"

Einige Monate später geriet der Löwe, als er im Wald jagte, in eine Falle. Er heulte vor Wut und versuchte mit aller Kraft sich zu befreien, aber es gelang ihm nicht. Alle Tiere im Wald hörten ihn und eilten herbei. Einen nach dem anderen bat der Löwe um Hilfe, aber sie sprachen: „Wie können wir schwachen Wesen dir, dem Herrn der Steppe, helfen?" Alle gingen fort. Und der Löwe war allein.

Da kam die Ratte vorbei. Sie sah, dass der Löwe in großer Not war und sprang herbei um ihm zu helfen. Mit ihren scharfen Zähnen nagte sie so lange am Netz, das den Löwen gefangen hielt, bis er befreit war.

Nach Jean de La Fontaine

Arbeitsaufgaben

1. Was passierte, als die Ratte zwischen die Pranken des Löwen lief?
   - ◯ Der Löwe fraß die Ratte auf.
   - ◯ Die Ratte biss den Löwen in die Pranke und entkam.
   - ◯ Der Löwe ließ die Ratte entwischen.

2. Die Ratte bedankte sich beim Löwen, dass er sie nicht gefressen hatte, und sprach:
   - ◯ „Vielleicht werde ich dir eines Tages dafür helfen können."
   - ◯ „Ich weiß nicht, wie ich dir dafür danken kann."
   - ◯ „Ich würde dir gerne auch einen Gefallen tun. Aber wie kann ich schwaches Wesen dir helfen?"

3. Was meinte der Löwe zu dem Angebot der Ratte?
   - ◯ Er dachte: „Vielleicht kann mich die Ratte aus einer Gefahr retten."
   - ◯ Er dachte: „Ratten sind schlaue Tiere."
   - ◯ Er lachte und wusste nicht, wie eine kleine Ratte dem König der Steppe helfen könnte.

4. Nach einiger Zeit passierte dem Löwen ein Missgeschick:
   - ◯ Er geriet in eine Falle und konnte sich selbst nicht mehr befreien.
   - ◯ Er verletzte sich bei der Jagd.
   - ◯ Er wurde gefangen und in einen Käfig gesperrt.

5. Lies nach, wie sich die Tiere verhielten, die der gefangene Löwe um Hilfe bat!

   ◯ Sie versuchten den Löwen zu befreien.
   ◯ Sie freuten sich, dass der starke Löwe gefangen war.
   ◯ Sie sagten: „Wie können wir schwachen Wesen dir, dem Herrn der Steppe, helfen?" Alle gingen fort.

6. Die Ratte sah auch den gefangenen Löwen.

   ◯ Sie sagte: „Ich würde dir gerne helfen. Aber ich bin zu schwach!"
   ◯ Sie befreite den Löwen aus dem Netz.
   ◯ Sie freute sich, dass sie in Zukunft vor dem Löwen sicher war.

7. Was wäre mit dem Löwen in der Falle geschehen, wenn er vorher die Ratte gefressen hätte?

   ◯ Der Löwe wäre von einem Elefanten befreit worden.
   ◯ Der Löwe wäre von einem anderen Tier befreit worden.
   ◯ Der Löwe wäre nicht aus der Falle freigekommen.

8. Welche andere Überschrift passt zu der Geschichte?

   ◯ Der Löwe ist der Stärkste.
   ◯ Manchmal ist der Schwächere der Stärkere.
   ◯ Der Löwe in der Falle.

9. Von wem erzählt die Geschichte?

   ◯ Nur von Tieren
   ◯ Von Tieren und Menschen
   ◯ Von Dingen und Menschen

10. Verhalten sich Tiere in Wirklichkeit so?

   ◯ Nein.
   ◯ Ja, manchmal.
   ◯ Ja, aber sie können nicht sprechen.

11. Weshalb hat der Dichter die Geschichte aufgeschrieben?

   ◯ Er wollte uns eine Lehre geben.
   ◯ Er wollte uns ein Erlebnis mit Tieren erzählen.
   ◯ Er wollte uns erzählen, wie sich Tiere verhalten.

12. Wie nennt man diese Art von Geschichten?

   ◯ Tiergeschichte
   ◯ Fabel
   ◯ Wahre Geschichte aus unserer Umwelt

Die beiden Ziegen

Zwei Ziegen begegneten sich auf einem schmalen Steg. Die eine wollte herüber, die andere hinüber.

„Geh mir aus dem Weg!", sagte die eine. „Was fällt dir ein?", rief die andere. „Ich war zuerst auf der Brücke. Geh du zurück und lass mich hinüber!"
„Das sagst du mir?, versetzte die Erste. „Ich bin so viel älter als du und sollte dir weichen? Nimmermehr!"

Keine von beiden wollte nachgeben und so kam es vom Zank zum Streit. Sie hielten ihre Hörner vorwärts und rannten zornig gegeneinander. Von dem heftigen Stoße verloren beide das Gleichgewicht.

Sie stürzten miteinander in den reißenden Bach, aus dem sie sich nur mit großer Mühe ans Ufer retteten.

Albert Ludwig Grimm

Arbeitsaufgaben

1. Der Streit der beiden Ziegen hatte schlimme Folgen.

   ◯ Sie stürzten in den Fluss und ertranken.
   ◯ Sie stürzten in den Bach und konnten sich nur mit großer Mühe ans Ufer retten.
   ◯ Sie töteten sich mit ihren spitzen Hörnern.

2. Weshalb kam es zum Streit zwischen den beiden Tieren?

   ◯ Jede Ziege wollte zuerst die Brücke überqueren.
   ◯ Die beiden Ziegen konnten sich nicht leiden.
   ◯ Sie wollten ihre Kräfte messen.

3. Keine der beiden Ziegen wollte nachgeben.
   Unterstreiche die Begründungen, die sie geben!

4. Was hältst du von diesen Begründungen?
   Sprich mit einem Klassenkameraden darüber.

5. Wie hätte der Kampf vermieden werden können?
   Überlege dir eine Lösung und spiele sie mit einem Klassenkameraden vor.

6. Dieser Geschichte könnte man eine andere Überschrift geben.
   Welche von den dreien würdest du wählen?

   ◯ Der Stärkere gewinnt
   ◯ Die dummen Ziegen, die nicht nachgeben wollten
   ◯ Kampf auf der Brücke

7. Es gibt auch ein Sprichwort, das gut zu der Geschichte passt.
   Kennst du es?

   ____

   ____

Der schlaue Richter

Ein Hund und ein Fuchs sahen gleichzeitig eine schöne, große Wurst, die jemand verloren hatte. „Wir werden um die Wurst kämpfen", sagte der Hund und der Fuchs war einverstanden. Nach einer Weile stand der Kampf noch immer unentschieden. Da beschlossen sie mit der Beute zu dem klugen Affen zu gehen und ihn um Rat zu fragen.

Der Affe hörte den beiden aufmerksam zu. Dann sagte er: „Die Sache ist klar. Jeder von euch bekommt die Hälfte der Wurst." Der Affe brach die Wurst entzwei und wog jeden Teil. Da einer schwerer war, biss er ein großes Stück davon ab. Dann legte er die beiden Teile wieder auf die Waage. Aber nun senkte sich die andere Waagschale tiefer, sodass wieder kein Gleichgewicht bestand. Der schlaue Affe biss vom anderen Teil ein gutes Stück ab und wog erneut. So ging es eine Zeit lang und Hund und Fuchs sahen, wie die Enden immer kleiner wurden. Schließlich, rutsch-futsch, waren beide Reste verschlungen.

Da sahen der Hund und der Fuchs, dass sie der Affe betrogen hatte.
Sie zogen den Schwanz ein und schlichen davon mit einem Bauch voller Wut.

Nach einer Fabel aus Korea

Arbeitsaufgaben

1. Zuerst machte der Hund einen Vorschlag, wer die Wurst bekommen sollte.
   - ◯ Wer den größeren Hunger hatte, sollte die Wurst bekommen.
   - ◯ Wer die Wurst zuerst gesehen hatte, der sollte sie fressen.
   - ◯ Wer nach einem Kampf Sieger blieb, der sollte die Wurst bekommen.

2. Als der Kampf unentschieden endete, baten sie den klugen Affen um Rat.
   - ◯ Er schlug vor, dass jeder die Hälfte der Wurst bekommen sollte.
   - ◯ Er schlug vor, dass die Wurst einem anderen hungrigen Tier geschenkt werden sollte.
   - ◯ Er konnte das Problem nicht lösen, obwohl er scharf nachdachte.

3. Wer nahm das Teilen vor?
   - ◯ Der Affe
   - ◯ Der Hund
   - ◯ Der Fuchs

4. Lies nach, wie der Affe das Gleichgewicht herstellen wollte!
   - ◯ Er schnitt die Wurst genau in der Mitte durch und gab jedem die Hälfte.
   - ◯ Er fraß die ganze Wurst auf und sagte: „Nun hat jeder von euch gleich viel."
   - ◯ Er biss immer wieder ein großes Stück vom größeren Teil ab. Dadurch wurden beide Teile immer kleiner.

5. Waren Hund und Fuchs schließlich zufrieden, wie der Affe das Problem löste?
   - ◯ Ja, denn keiner von beiden hatte mehr oder weniger bekommen.
   - ◯ Nein, weil der Affe ungerecht geteilt hatte.
   - ◯ Nein. Als von der Wurst nichts mehr da war, merkten sie, dass sie der Affe betrogen hatte.

6. Nächstes Mal werden es Hund und Fuchs sicher anders machen!

   Vielleicht hast du einen Vorschlag, wie sie das Problem selbst besser gelöst hätten.

7. Diese Geschichte kann man gut spielen.
   Überlege, was man dazu benötigt.

Der Rabe und der Käse

Ein Rabe hatte einen Käse gestohlen und flog damit zu einem sicheren Baum. Dort wollte er ihn sich in aller Ruhe schmecken lassen. Da kam ein Fuchs daher. Er hatte den ganzen Tag über noch nichts gefressen. Als er den feinen Käse sah, überlegte er, wie er den wohl bekommen könnte.

Er schlich listig zu dem Baum und rief dem Raben höflich zu: „Guter Freund, du siehst heute wunderbar aus! Einen so schönen Raben habe ich noch nie gesehen!"

Der Rabe trat vor Freude von einem Fuß auf den anderen. Das hatte ihm noch niemand gesagt.

Noch höflicher als vorhin sprach der Fuchs nun weiter: „Wenn jemand so schön ist, dann muss er doch herrlich singen können!

Bist du vielleicht gar der König der Vögel?" Der Rabe wurde immer stolzer und wollte dem Fuchs gerne zeigen, wie schön er singen konnte. Er sperrte seinen Schnabel weit auf und krächzte munter darauf los.

Dabei ließ er den Käse fallen und darauf hatte der Fuchs nur gewartet. Er fraß den ganzen Käse auf und lachte über den dummen Raben.

Nacherzählt von Rolf Krenzer

Arbeitsaufgaben

1. Welcher von diesen Sätzen steht genau so in der Geschichte?
   - ◯ Ein Rabe hatte eine Kasse gestohlen ...
   - ◯ Ein Rabe hatte dem Fuchs einen Käse gestohlen ...
   - ◯ Ein Rabe hatte einen Käse gestohlen ...

2. Warum schnappte der hungrige Fuchs dem Raben den Käse nicht gleich weg?
   - ◯ Der Rabe saß auf einem sicheren Baum.
   - ◯ Der Fuchs war zu müde, um auf den Baum zu klettern.
   - ◯ Der Fuchs gönnte dem Raben den Leckerbissen.

3. Der Fuchs versuchte auf andere Art zu dem Käse zu gelangen.
   - ◯ Er bat den Raben höflich um ein Stück, weil er sonst verhungern würde.
   - ◯ Er schlug dem Raben vor, dass sie um den Käse kämpfen sollten.
   - ◯ Er versuchte es mit einer List.

4. Meinte es der Fuchs ehrlich, als er dem Raben mit vielen Worten schmeichelte?
   - ◯ Ja.
   - ◯ Nein. Er wollte nur hören, wie der Rabe singt, um ihn dann auszulachen.
   - ◯ Nein. Er wollte nur, dass der Rabe seinen Schnabel weit aufsperrt und den Käse verliert.

5. Lies nach, was der Fuchs zum Raben sagte! Welche von diesen Sätzen stehen genau so in der Geschichte?

◯ „Guter Freund, du siehst heute wunderbar aus!"
◯ „Einen so schönen Raben habe ich noch nicht gesehen!"
◯ „Wenn jemand so schön ist, dann muss er doch herrlich springen können!"
◯ „Bist du vielleicht gar der König der Vögel?"

6. Warum verlor der Rabe schließlich seinen Käse?

◯ Weil er immer stolzer wurde und dem Fuchs zeigte, wie schön er singen konnte.
◯ Weil er dem Fuchs eine Freude machen wollte.
◯ Weil er Käse gar nicht mag.

7. Als der Fuchs den Käse hatte,

◯ bedankte er sich herzlich bei dem guten Raben.
◯ schloss er mit dem schönen Raben Freundschaft.
◯ lachte er über den dummen Raben.

8. Welche Eigenschaften passen zu dem Raben?

◯ schön	◯ dumm	◯ schlau
◯ stolz	◯ klug	◯ freigiebig

9. Welche Eigenschaften passen zum Fuchs?

◯ schlau	◯ dumm	◯ ungeschickt
◯ listig	◯ freundlich	◯ schadenfroh

10. Welche Überschrift könnte man der Geschichte geben?

◯ Der Stärkere gewinnt
◯ Der schlaue Fuchs
◯ Der König der Vögel

Der süße Brei

Es war einmal ein armes Mädchen, das lebte mit seiner Mutter ganz alleine. Eines Tages hatten die beiden keinen Bissen mehr zu essen und das Mädchen ging in den Wald, um Pilze zu suchen.
Da begegnete ihm eine alte Frau. Sie kannte seine Not und so schenkte sie ihm ein Töpfchen. Die Alte erklärte: „Wenn du sagst: ‚Töpfchen koche!', so kocht es guten, süßen Brei. Und wenn du sagst: ‚Töpfchen steh!', so hört es wieder auf zu kochen."
Das Mädchen brachte den Topf seiner Mutter und die Not hatte ein Ende. Sooft sie wollte, konnten sie süßen Brei essen.

Eines Tages war das Mädchen ausgegangen. Da sprach die Mutter: „Töpfchen koche!" Da kochte das Töpfchen und die Mutter aß sich satt.
Aber als sie wollte, dass das Töpfchen wieder aufhören sollte zu kochen, da hatte sie das Zauberwort vergessen. Und so kochte es immer weiter. Der Brei stieg über den Rand hinaus, er füllte die Küche und das ganze Haus, quoll auf die Straße, durch die Gassen, als sollte die ganze Welt zu essen bekommen.
In der Stadt war große Not und als nur noch ein einziges Haus aus dem Brei herausragte, kam das Mädchen endlich heim. Es sprach: „Töpfchen steh!", da hörte es auf zu kochen. Wer aber in die Stadt wollte, der musste sich durchessen.

Nach Gebrüder Grimm

Arbeitsaufgaben

1. Was erfährst du in der Geschichte über das Mädchen?
   - ◯ Es war klug, es hatte keinen Vater.
   - ◯ Es war arm, es lebte mit seiner Mutter ganz alleine.
   - ◯ Es war folgsam, es aß gerne süßen Brei.

2. Eine alte Frau schenkte dem Mädchen etwas:
   - ◯ Ein Töpfchen, in dem man alle Speisen zubereiten konnte.
   - ◯ Ein Töpfchen, das nicht aufhörte die leckersten Speisen der Welt zu kochen.
   - ◯ Ein Töpfchen, das selbst süßen Brei kochen konnte.

3. Als das Mädchen eines Tages ausgegangen war, passierte ein Unglück.
   - ◯ Die Mutter ließ das Töpfchen kochen und wusste dann das Zauberwort nicht mehr, um es zum Stehen zu bringen.
   - ◯ Das Töpfchen hörte auf zu kochen und sie gerieten wieder in große Not.
   - ◯ Das Töpfchen hörte nicht mehr auf das Zauberwort und kochte unablässig weiter.

4. Lies nach, was geschah!
   - ◯ Der Brei floss durch die Straßen und alle Leute freuten sich, dass sie sich satt essen konnten.
   - ◯ Der Brei deckte die ganze Stadt zu und nur noch der Kirchturm ragte heraus.
   - ◯ Der Brei füllte das ganze Haus, quoll auf die Straße und durch die Gassen, als sollte die ganze Welt zu essen bekommen.

5. Als das Mädchen zurückkam sagte es:
   - ◯ „Hier sieht es ja lustig aus!"
   - ◯ „Nun hat die ganze Welt genug zu essen!"
   - ◯ „Töpfchen steh!", da hörte es auf zu kochen.

6. Wer in die Stadt wollte,
   - ◯ der musste sich durchessen.
   - ◯ der musste mithelfen den Brei wegzuschaffen.
   - ◯ der musste durch den Brei waten.

Die Prinzessin auf der Erbse

Es war einmal ein Prinz, der wollte eine Prinzessin heiraten. Deshalb reiste er in der ganzen Welt umher. Er begegnete zwar wunderschönen und unendlich reichen Prinzessinnen, aber es war doch keine so, wie er sie sich vorstellte. Da kehrte er traurig in das Schloss seines Vaters zurück.

Eines Abends gab es ein fürchterliches Unwetter. Blitze machten für Augenblicke die Nacht taghell, der Donner krachte und das Wasser stürzte wie in Bächen vom Himmel. Da klopfte jemand heftig gegen das Stadttor. Der Wächter öffnete und ein Mädchen sprang schnell herein, um ins Trockene zu gelangen.
Als es erzählte, dass es eine Prinzessin sei, da führte es der Soldat zum König. Wie es aber so tropfnass im Palast stand und das Wasser aus den Haaren über die Kleider rann, wollte ihm niemand glauben.
Da dachte die alte Königin: „Wir werden es schon herausfinden!"

Als sie das Schlafgemach herrichtete, legte sie auf den Boden des Bettes eine Erbse. Darüber schichtete sie zwanzig Matratzen und noch zwanzig Daunenbetten. Darauf sollte die Prinzessin während der Nacht liegen.

Am anderen Morgen fragte die Königin, wie sie geschlafen habe.
„Kein Auge habe ich zugemacht!", beklagte sich die Prinzessin.
„Irgendetwas Hartes lag in dem Bett und nun habe ich braune und blaue Flecken am ganzen Körper!"
Jetzt wusste die Königin, dass es eine richtige Prinzessin war. Denn so empfindlich konnte sonst niemand sein, dass er eine Erbse durch zwanzig Matratzen und zwanzig Daunenbetten spürte.

Weil das Mädchen genau so war, wie sich der Prinz eine richtige Prinzessin vorgestellt hatte, heiratete er sie und es gab ein großes Fest.

Nach Hans Christian Andersen

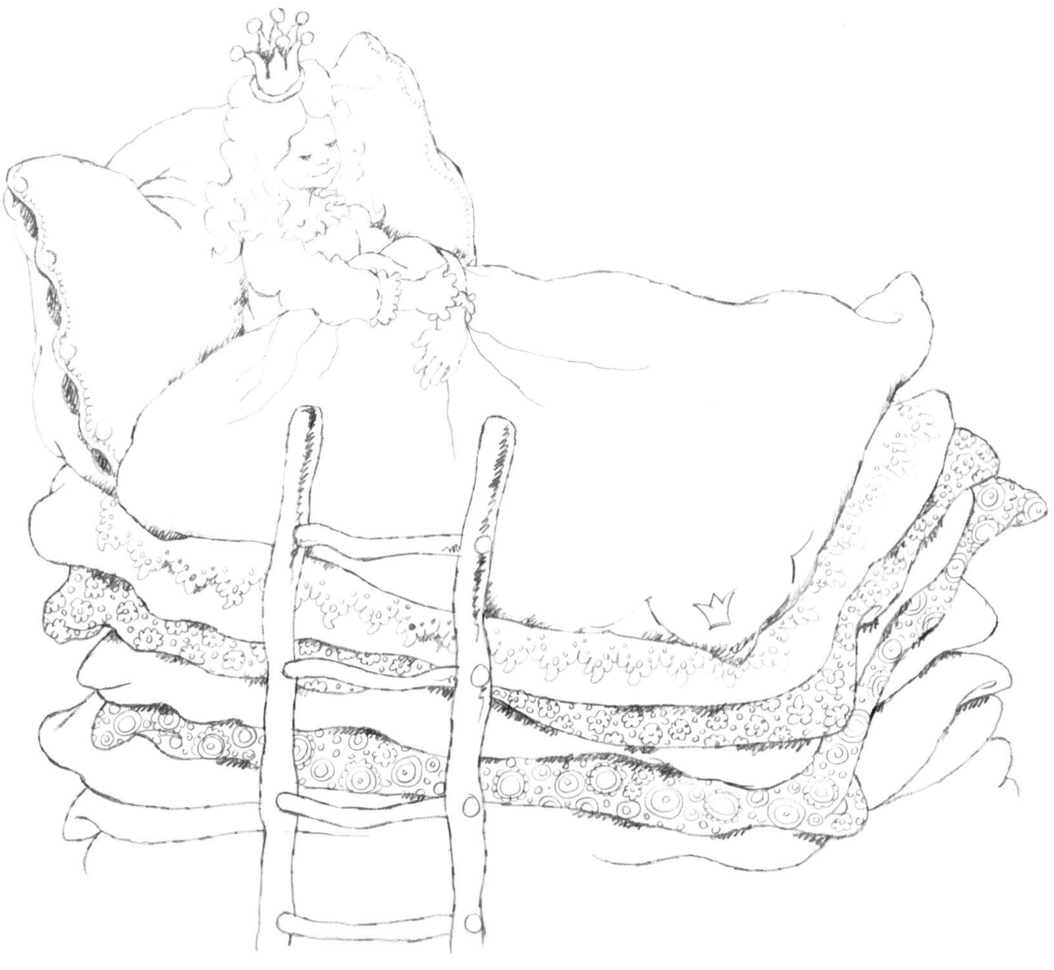

Arbeitsaufgaben

1. Der Prinz fand auf seiner Reise keine Prinzessin, die er heiraten wollte.
   - ◯ Keine Prinzessin war ihm schön genug.
   - ◯ Keine Prinzessin besaß genug Reichtum.
   - ◯ Keine war so, wie er sich eine richtige Prinzessin vorgestellt hatte.

2. Als einmal ein fürchterliches Unwetter tobte, klopfte jemand an das Stadttor.
   - ◯ Ein Soldat war von dem Gewitter überrascht worden und bat um Einlass.
   - ◯ Es war ein junges Mädchen, das von sich behauptete, eine Prinzessin zu sein.
   - ◯ Eine Prinzessin mit ihren Dienern suchte Schutz vor dem Regen.

3. Wie wollte die Königin herausfinden, ob das fremde Mädchen eine Prinzessin sei?
   - ◯ Sie fragte das Mädchen nach seinen Eltern und Verwandten aus.
   - ◯ Sie gab dem Mädchen drei Rätsel auf, die nur eine Prinzessin lösen konnte.
   - ◯ Sie legte auf den Boden des Bettes eine Erbse und schichtete zwanzig Matratzen und zwanzig Daunenbetten darüber.

4. Was geschah am nächsten Morgen?
   - ◯ Das junge Mädchen jammerte schrecklich, weil es nicht geschlafen hatte und braune und blaue Flecken am Körper trug.
   - ◯ Das junge Mädchen hatte tief geschlafen, denn eine Erbse unter zwanzig Matratzen und zwanzig Betten kann kein Mensch spüren.
   - ◯ Das Mädchen hatte die Erbse unter seinem Bett entdeckt und brachte sie der Königin.

5. Die Geschichte nahm ein gutes Ende.
   - ◯ Die Königin nahm die Prinzessin als ihre Tochter im Schloss auf und es wurde ein fröhliches Fest gefeiert.
   - ◯ Die Prinzessin kehrte zu ihren Eltern zurück und sie feierten ein großes Fest.
   - ◯ Die Prinzessin heiratete den Prinzen und es gab ein großes Fest.

Die drei Brüder

Es war einmal ein Mann, der hatte drei Söhne. Als einziges Vermögen besaß er ein Haus, das einer der Söhne nach seinem Tode erben sollte. Da er aber alle gleich lieb hatte, wusste er nicht, wem er es schenken sollte. Endlich fiel ihm ein Rat ein und er sprach zu seinen Söhnen: „Geht in die Welt und jeder soll einen Beruf erlernen. Wer das beste Meisterstück zeigen kann, wenn ihr zurück seid, der soll das Haus haben." Die Söhne waren einverstanden und zogen fort.

Der Erste ging zu einem Schmied in die Lehre. Er lernte des Königs Pferde zu beschlagen und dachte: „Wenn ich dem Vater meine Kunst zeige, schenkt er mir das Haus."

Der Zweite kam zu einem Friseur. Er lernte vornehme Herren zu rasieren und dachte: „Ich werde dem Vater das beste Meisterstück zeigen."

Der Dritte wollte ein Fechtmeister werden. Er übte sich täglich im Fechten. Er brachte es zu großer Geschicklichkeit und so dachte er: „Nun kann nichts schief gehen. Ich kriege das Haus."

Nach der vereinbarten Zeit trafen sie sich wieder bei ihrem Vater und wollten ihre Künste zeigen.

Als sie gerade beratschlagten, wie sie es anfangen wollten, kam auf einmal ein Hase über das Feld gelaufen. Der Friseur rief: „Der kommt wie gerufen!" Er nahm Seife und Pinsel, schlug Schaum, seifte den Hasen in vollem Lauf ein und rasierte ihm die Barthaare. Dabei schnitt er ihn nicht und tat ihm nicht weh. „Das gefällt mir", sagte der Vater. „Wenn sich die anderen nicht gewaltig anstrengen, gehört das Haus dir."

Kurze Zeit darauf kam eine Kutsche in voller Fahrt dahergesaust. „Nun sollst du sehen, was ich gelernt habe", sagte der Hufschmied. Er sprang dem Wagen nach, riss dem Pferd die vier Hufeisen ab und schlug ihm im Jagen vier neue an. „Du bist ein toller Kerl!", lobte ihn der Vater. „Du hast deine Sache so gut gemacht wie dein Bruder."

Da sprach der Dritte: „Vater, auch ich möchte dir zeigen, was ich gelernt habe." Und weil es gerade anfing zu regnen, so schwang er seinen Degen über dem Kopf des Vaters, dass kein Tropfen auf ihn fiel. Als es immer heftiger goss, als würde man das Wasser in Eimern vom Himmel schütten, da drehte er den Degen immer schneller und der Vater blieb so trocken, als säße er unter einem Dach.

Da staunte der Alte und sagte: „Du hast das Meisterstück gezeigt. Das Haus gehört dir!" Die Brüder waren damit einverstanden. Weil sie einander aber lieb hatten, blieben alle Drei in dem Haus. Sie übten ihre Berufe aus, verdienten viel Geld und lebten bis ins hohe Alter zusammen.

Nach Gebrüder Grimm

Arbeitsaufgaben

1. Was besaß der Vater als einziges Vermögen?

   ◯ Eine Kutsche
   ◯ Einen Hasen
   ◯ Ein Haus

2. Wer sollte das Haus erben?

   ◯ Der Sohn, der dem Vater das schönste Geschenk mitbrachte.
   ◯ Der Sohn, der das beste Meisterstück zeigen konnte.
   ◯ Der Sohn, der die weiteste Reise gemacht hatte.

3. Lies nach, was die Söhne lernten!

   Erster Sohn

   ◯ Er wurde Schmied und lernte des Königs Pferde zu schlagen.
   ◯ Er wurde Schmied und durfte auf des Königs Pferden reiten.
   ◯ Er wurde Schmied und lernte des Königs Pferde zu beschlagen.

   Zweiter Sohn

   ◯ Er lernte vornehme Herren zu rasieren.
   ◯ Er lernte radieren und frisieren.
   ◯ Er lernte Hasen und Füchse rasieren.

   Dritter Sohn

   ◯ Er lernte, wie man Regenschirme macht.
   ◯ Er lernte bei einem Bademeister hechten.
   ◯ Bei einem Fechtmeister lernte er fechten.

4. Als die Söhne zurückgekehrt waren, führte jeder ein Kunststück vor.

Erster Sohn

- ◯ Er schlug einem Hasen vier Hufeisen an.
- ◯ Er riss einem Pferd in vollem Lauf die vier Hufeisen ab und schlug ihm neue an.
- ◯ Er schmiedete für eine Kutsche vier eiserne Reifen.

Zweiter Sohn

- ◯ Er rasierte einem Hasen in vollem Lauf die Barthaare ab.
- ◯ Er rasierte mit einem Säbel dem Vater den Bart ab.
- ◯ Er seifte ein Pferd im vollen Jagen ein und rasierte ihm die Mähne ab.

Dritter Sohn

- ◯ Er brachte seinen Vater flink ins Trockene, als es zu regnen begann.
- ◯ Er kämpfte gegen einen Hasen und ein Pferd und besiegte sie.
- ◯ Er schwang seinen Degen so schnell durch die Luft, dass kein Regentropfen auf den Vater fiel.

5. Welches Kunststück gefiel dem Vater am besten?

- ◯ Das Meisterstück des Fechtmeisters
- ◯ Das Meisterstück des Friseurs
- ◯ Das Meisterstück des Hufschmieds

6. Mussten der Friseur und der Hufschmied aus dem Haus des Vaters fortziehen?

- ◯ Ja, weil der Vater das Haus nur einem Sohn vererbte.
- ◯ Nein, aber es gab oft Streit unter den Brüdern, weil jeder das Haus gerne für sich alleine gehabt hätte.
- ◯ Nein, die Brüder blieben zusammen, weil sie sich lieb hatten.

7. Hast du erkannt, was das für eine Geschichte ist?

- ◯ Märchen
- ◯ Fabel
- ◯ Wahre Geschichte aus unserer Welt

8. Unterstreiche Sätze in der Geschichte, an denen du erkennst, dass sie von einer Märchenwelt erzählt.

Hexe Wanda

In einem Haus im Wald lebte die gute Hexe Wanda mit ihrem schwarzen Kater Simon und ihrem alten Besenstiel. Die gute Hexe Wanda sagte: „Diesen alten Besenstiel bin ich wirklich leid. Er fliegt nicht schnell genug."
„Das finde ich auch", sagte der schwarze Kater Simon.
„Wollen wir ein Raumschiff bauen?", sagte die gute Hexe Wanda.
„Ja, das wollen wir", sagte der schwarze Kater Simon.

So bauten sie ein Raumschiff mit einem Ohrensessel für Wanda und einem Kissen für Simon, einer Alarmglocke und einer großen, großen Dose mit Zaubersprüchen. Als das Raumschiff fertig war, konnte es schneller fahren als ein Dampfer, schneller als ein Auto, schneller als ein Zug, schneller als ein Flugzeug und viel schneller als der alte Besenstiel.

Die gute Hexe Wanda setzte sich in den Ohrensessel. „Ich bin der Pilot und steuere das Raumschiff", sagte sie.
Der schwarze Kater Simon setzte sich auf das Kissen. „Ich bin der Kopilot und läute die Alarmglocke", sagte er.

„1 0 9 8 7 6 5 4 3 2 1 Null", sagte die gute Hexe Wanda und hinauf ging es in die Luft, über das Haus im Wald und weiter und immer weiter, bis sie über dem Urwald waren.

„Gefahr unter uns, Gefahr!", meldete die Alarmglocke.
„Ich sehe etwas, ich sehe etwas mit meinen grünen Augen", sagte der schwarze Kater Simon. Als die gute Hexe Wanda hinunterblickte, sah sie, dass ein kleiner Junge im Wasser schwamm und von einem großen Krokodil verfolgt wurde. „Es ist Zeit für den ersten Zauberspruch", sagte die gute Hexe Wanda. Sie berührte die Dose einmal mit ihrem Zauberstab und schon war der kleine Junge sicher im Raumschiff. „Was für ein Glück, dass du gesehen hast, wie ich im Wasser schwamm und von dem großen Krokodil verfolgt wurde", sagte der kleine Junge. „Ich danke dir, gute Hexe Wanda, ich danke dir, schwarzer Kater Simon."

Sie brachten den kleinen Jungen zu seinen Eltern zurück. Die Eltern waren glücklich.
„Wir danken euch", sagten sie.
„Auf Wiedersehen, auf Wiedersehen!"

„1 0 9 8 7 6 5 4 3 2 1 Null", sagte die gute Hexe Wanda und hinauf ging es in die Luft, über den Urwald und weiter und immer weiter zu einem tiefen, dunklen Wald.

„Gefahr unter uns, Gefahr!", meldete die Alarmglocke.
„Ich sehe etwas, ich sehe etwas mit meinen grünen Augen", sagte der schwarze Kater Simon. Als die gute Hexe Wanda hinunterblickte, sah sie, dass ein kleiner Junge in dem tiefen, dunklen Wald gefangen war, weil die Bäume brannten.
„Es ist Zeit für den zweiten Zauberspruch", sagte die gute Hexe Wanda. Sie berührte die Dose zweimal mit ihrem Zauberstab und schon war der kleine Junge sicher im Raumschiff. „Was für ein Glück, dass du gesehen hast, wie ich in dem tiefen dunklen Wald gefangen war, weil die Bäume brannten", sagte der kleine Junge. „Ich danke dir, schwarzer Kater Simon."

Sie brachten den kleinen Jungen zu seinen Eltern zurück. Die Eltern waren glücklich.
„Wir danken euch", sagten sie.
„Auf Wiedersehen, auf Wiedersehen!"

„1 0 9 8 7 6 5 4 3 2 1 Null", sagte die gute Hexe Wanda und hinauf ging es in die Luft, über den tiefen, dunklen Wald und weiter und immer weiter zu einem schneebedeckten Berg.

„Gefahr unter uns, Gefahr!", meldete die Alarmglocke.
„Ich sehe etwas mit meinen grünen Augen", sagte der schwarze Kater Simon. Als die gute Hexe Wanda hinunterblickte, sah sie, dass ein kleiner Junge sich an der Wand des hohen Berges verstiegen hatte.

„Es ist Zeit für den dritten Zauberspruch", sagte die gute Hexe Wanda. Sie berührte die Dose dreimal mit ihrem Zauberstab und schon war der kleine Junge sicher im Raumschiff.

„Was für ein Glück, dass du gesehen hast, wie ich mich an der Wand des hohen Berges verstiegen hatte", sagte der kleine Junge. „Ich danke dir, gute Hexe Wanda, ich danke dir, schwarzer Kater Simon."

Sie brachten den kleinen Jungen zu seinen Eltern zurück. Die Eltern waren glücklich.

„Wir danken euch", sagten sie. „Auf Wiedersehen, auf Wiedersehen!"

„10 9 8 7 6 5 4 3 2 1 Null", sagte die gute Hexe Wanda und hinauf ging es in die Luft, über den schneebedeckten Berg und weiter und immer weiter – zurück zu ihrem kleinen Haus im Wald.

J. Taylor und T. Ingelby

Arbeitsaufgaben

1. Du hast erfahren, weshalb die Hexe Wanda ein Raumschiff baute!
   - ◯ Weil der alte Besenstiel nicht schnell genug flog.
   - ◯ Weil die Hexe zum Mond fliegen wollte.
   - ◯ Weil der alte Besen nicht mehr fliegen konnte.

2. Für ihr Raumschiff brauchte die Hexe diese Gegenstände:
   - ◯ Einen Ohrensessel, ein Kissen, eine Alarmglocke und eine große Dose mit Zaubersprüchen.
   - ◯ Eine Rakete mit einem Düsenmotor.
   - ◯ Ein Flugzeug mit einem starken Motor und großen Flügeln.

3. Über dem Urwald entdeckte der Kater Simon etwas:
   - ◯ Ein Krokodil, das faul im Wasser lag.
   - ◯ Einen Elefanten und einen Löwen.
   - ◯ Einen kleinen Jungen, der im Wasser schwamm und von einem Krokodil verfolgt wurde.

4. Auch die Hexe sah, dass der kleine Junge in Gefahr war.
   - ◯ Sie sah zu, wie das Krokodil den Jungen fraß.
   - ◯ Sie verhexte das Krokodil in einen kleinen Fisch.
   - ◯ Sie hexte den Jungen zu sich in das Raumschiff und rettete so dem Kind das Leben.

5. Wie verhielt sich die Hexe, als sie den Jungen in dem brennenden Wald sah?
   - ◯ Sie weinte über das Unglück.
   - ◯ Sie rettete den Jungen aus den Flammen.
   - ◯ Sie sah zu, wie das Kind im Wald verbrannte.

6. Als die Hexe über das Gebirge flog, bemerkte sie einen kleinen Bergsteiger, der in Lebensgefahr war.
   - ◯ Sie stieg auf den Berg und half ihm.
   - ◯ Sie flog traurig nach Hause.
   - ◯ Sie rettete ihn und brachte ihn zu seinen Eltern zurück.

7. War die Hexe Wanda eine gute Hexe?
   - ◯ Sie war eine gute Hexe, weil sie gut zaubern konnte.
   - ◯ Sie war eine böse Hexe, weil sie großen Schaden anrichtete.
   - ◯ Sie war eine gute Hexe, weil sie den Kindern geholfen hat.

Der ttkampf

„Ich will ne Kraft erproben", sagte der junge Löwe sprang aus seiner Höhle. „Ich werde mit nen Zähnen beißen und mit meinen Pranke reißen."
„Ich will mich mit di messen", sagte ein anderer junger Löwe. Jnd mit ihren Zähnen und Pranken kämpften und rissen sie, bis sie müde waren. Dann gten sie sich in den Schatten und ruhten sich aus.

„Das war ein herrlicher Kampf", sagte der junge Elefant, der gerade aus dem Urwald kam. „Ich will auch meine Kraft erproben. Ich werde mit meinen Zähnen stoßen, mit meinem Rüssel zerren und mit meinem Körper schieben."
„Ich will mich mit dir messen", sagte ein anderer junger Elefant. Und mit ihren Zähnen und Rüsseln und Körpern kämpften und schoben sie, bis sie müde waren. Dann legten sie sich in den Schatten und ruhten sich aus.

„Das war ein herrlicher Kampf", sagte das junge Krokodil und es platschte aus dem Wasser. „Ich will auch meine Kraft erproben. Ich werde mit meinen Zähnen schnappen und mit meinem Schwanz schlagen."
„Ich will mich mit dir messen", sagte ein anderes junges Krokodil. Und mit ihren Zähnen und Schwänzen kämpften und schlugen sie, bis sie müde waren. Dann legten sie sich in den Schatten und ruhten sich aus.

„Das war ein herrlicher Kampf", sagte die junge Antilope, die gerade aus dem Busch sprang. „Ich will auch meine Kraft erproben. Ich werde mit meinen Hörnern rammen und mit meinem Kopf stoßen."
„Ich will mich mit dir messen", sagte eine andere junge Antilope. Und mit ihren Hörnern und Köpfen kämpften und stießen sie, bis sie müde waren. Dann legten sie sich in den Schatten und ruhten sich aus.

„Das war ein herrlicher Kampf", sagte das junge Zebra, das gerade aus dem Wald kam. „Ich will auch meine Kraft erproben. Ich werde mit meinen Hufen schlagen und mit meinen Zähnen beißen."
„Ich will mich mit dir messen", sagte ein anderes junges Zebra. Und mit ihren Hufen und Zähnen kämpften und schlugen sie, bis sie müde waren. Dann legten sie sich in den Schatten und ruhten sich aus.

„Das war ein herrlicher Kampf", sagte der junge Adler, und er schwang sich aus seinem Nest. „Ich will auch meine Kraft erproben. Ich werde mit meinem Schnabel hacken, mit meinen Krallen reißen und mit meinen Flügeln schlagen!"
„Ich will mich mit dir messen", sagte ein anderer junger Adler. Und mit ihren Schnäbeln und Krallen und Flügeln kämpften und schlugen sie, bis sie müde waren. Dann legten sie sich in den Schatten und ruhten sich aus.

Ein großes graues Nilpferd wälzte sich aus dem Fluss. Alle Tiere wichen zur Seite. „Dies wird der beste Kampf!", riefen sie. Und sie warteten gespannt.
Sehr langsam drehte sich das Nilpferd herum und legte sich in den Schlamm. „Ruhe und Frieden, das ist alles, was man braucht, um glücklich zu sein", grunzte es. Dann gähnte es laut, seufzte tief auf und schlief fest ein.

Alle Tiere lachten, bis auf den Elefanten. „Ruhe und Frieden, vielleicht hat es recht", sagte er und er blies eine Fliege von der Nase des schlafenden Nilpferdes. Und die Tiere schlichen leise davon, damit das Nilpferd ruhig schlafen konnte.

J. Taylor und T. Ingelby

Arbeitsaufgaben

1. Wer hat in dieser Geschichte gekämpft?
   - ◯ Löwen, Elefanten, Antilopen, Zebras, Adler und Nilpferde
   - ◯ Löwen, Elefanten, Nashörner, Adler und Zebras
   - ◯ Löwen, Elefanten, Krokodile, Antilopen, Zebras und Adler
   - ◯ Löwen, Elefanten, Krokodile, Hirsche, Zebras und Adler

2. Was sagt der junge Löwe?
   - ◯ Ich werde mit meinen Zähnen beißen und mit meinen Pranken reißen.
   - ◯ Ich werde mit den Pfoten reißen und mit den Zähnen beißen.
   - ◯ Ich werde mit den Krallen reißen und mit den Zähnen beißen.

3. Was sagt der junge Adler nach dem Kampf der Zebras?
   - ◯ Das war ein grausamer Kampf.
   - ◯ Das war ein schöner Kampf.
   - ◯ Das war ein herrlicher Kampf.

4. Was sagt das Nilpferd?
   - ◯ Kampf braucht man, um glücklich zu sein.
   - ◯ Ruhe und Frieden, das ist alles, was man braucht, um glücklich zu sein.
   - ◯ Ruhe und Frieden machen nicht glücklich.

5. Was sagt der Elefant am Schluss der Geschichte über das Nilpferd?
   - ◯ Das Nilpferd ist faul.
   - ◯ Vielleicht hat es recht.
   - ◯ Das Nilpferd ist feige.

6. Weshalb kämpften die Tiere?
   - ◯ Um ihre Kraft zu erproben.
   - ◯ Um sich gegenseitig zu töten.
   - ◯ Um den anderen Tieren eine Freude zu machen.

7. Wann endeten die Kämpfe?
   - ◯ Als beide Kämpfer müde waren.
   - ◯ Als einer der beiden geschlagen war.
   - ◯ Als einer der beiden tot war.

8. Warum kämpfte das Nilpferd nicht?
   - ◯ Es war zu feige.
   - ◯ Es hatte keinen Kampfgenossen.
   - ◯ Es brauchte nicht erst kämpfen, um glücklich zu sein.

9. Was taten die Tiere am Schluss der Geschichte?

- ○ Sie schlichen leise davon.
- ○ Sie verspotteten das Nilpferd.
- ○ Sie liefen lachend davon.

10. Kann sich die Geschichte in Wirklichkeit so zugetragen haben?

- ○ Ja.
- ○ Ja, aber die Tiere haben sich in der Tiersprache unterhalten.
- ○ Nein, Tiere verhalten sich in Wirklichkeit anders.

11. Warum hat der Verfasser die Geschichte aufgeschrieben?

- ○ Um uns zu erzählen, was er erlebt hat.
- ○ Um uns eine Lehre zu geben.
- ○ Um uns zu erzählen, wie sich Tiere verhalten.

12. Was für eine Art von Geschichte ist das?

- ○ Tiergeschichte
- ○ Fabel
- ○ Märchen

Quellenverzeichnis

Wenn das M nicht wär' erfunden	von James Krüss aus: Bienchen – Trienchen – Karolinchen, Boje Verlag, Stuttgart
Das Kakadugnu	von Käthe Recheis aus: Das Sprachbastelbuch, Otto Maier Verlag, Ravensburg 1977
Das unausgeschlafene L	von Anton Krilla aus: abcd . . . Buchstaben-Geschichten, Rowohlt Taschenbuch Verlag, Reinbek 1972
Der freche Drachen	von Josef Guggenmos aus: Ein Elefant marschiert durchs Land, Georg Bitter Verlag, Recklinghausen 1968
Nadel und Luftballon	von Josef Guggenmos aus: Ein Elefant marschiert durchs Land, Georg Bitter Verlag, Recklinghausen 1968
Der Spiegel	von Hans Baumann aus: Die Stadt der Kinder, hg. von Hans-Joachim Gelberg, Georg Bitter Verlag, Recklinghausen 1969
Am 31. Februar	von Erich Kästner aus: Die lustige Geschichtenkiste, Betz Verlag, München 1972
Kasperl als Zahnarzt	unbekannter Verfasser
Der Fehlervogel	von Antoinette Wehrmann aus: Die schönsten Gute-Nacht-Geschichten, Hrsg. v. J. Lepmann u. H. Schmitthenner, Europa, Zürich 1950, geändert vgl. Klett Lesebuch 2, 1967
Der bewegliche Bürgersteig	von Gianni Rodari aus: Gutenachtgeschichten am Telefon, aus dem ital. übers. v. Ruth Wright, K. Thienemanns-Verlag, Stuttgart 1964
Jan findet einen Freund	von Irina Korschunow aus: Guten Morgen – Gute Nacht, hg. von Lieselott Musil, L. Auer Verlag, Donauwörth 1970
Die Puppe Dorothee	von Marina Thudichum aus: Es war so lange Tag, hg. von Lieselott Musil, L. Auer Verlag, Donauwörth 1970
Ein Unfall	unbekannter Verfasser
Thomas und der Fremde	unbekannter Verfasser
Für fünf Pfennig Luft	von Elisabeth Kohler aus: Auswahl 2, Verlag F. Kamp, Bochum 1969
Der Pflaumenkern	von Leo N. Tolstoi aus: Der Bär auf dem Wagen, Übers. Hans Baumann
Das Bäumchen	unbekannter Verfasser aus: Bei uns in der Stadt, Verlag Volk und Wissen, Berlin/DDR 1963
Die kleine Graugans	nach Konrad Lorenz aus: Er redet mit dem Vieh, den Vögeln und den Fischen, Dr. G. Borotha-Schoeler, Wien 1949
Das Fohlen	von Alma de l'Aigle aus: Alles wird wieder gut, Herder, Freiburg 1963, geändert vgl. Klett Lesebuch 2, 1967
Der Nordwind und die Sonne	Jean de La Fontaine aus: Der Nordwind und die Sonne, Atlantis Verlag, Zürich 1964, geändert
Das Haus der Tiere	von Josef Guggenmos aus: Immer währender Kinderkalender, Österreichischer Bundesverlag, Wien 1958
Der Löwe und die Ratte	nach Jean de La Fontaine aus dem Atlantis-Bilderbuch: Der Löwe und die Ratte, von Brian Windsmith, Atlantis, Freiburg 1964, geändert vgl. Klett Lesebuch 2, 1967
Die beiden Ziegen	von Albert Ludwig Grimm aus: Kinderwelt, Staatl. Lehrmittelverlag des Kantons St. Gallen, St. Gallen 1964
Der schlaue Richter	nach einer Fabel aus Korea
Der Rabe und der Käse	nacherzählt von Rolf Krenzer aus: Geschichten Berichte Gedichte 2, Hirschgraben-Verlag, Frankfurt, a. M. 1972
Der süße Brei	nach Brüder Grimm
Die Prinzessin auf der Erbse	nach H. C. Andersen
Die drei Brüder	nach Brüder Grimm
Hexe Wanda	von J. Taylor und T. Ingelby aus: Geschichten für das erste Lesealter, übers. v. M. Bollinger und E. Harries, Ernst Klett Verlag, Stuttgart 1970
Der Wettkampf	von J. Taylor und T. Ingleby aus: Geschichten für das erste Lesealter, übers. v. M. Bollinger u. E. Harries Ernst Klett Verlag, Stuttgart 1970